他者镜像下的《黄帝内经》译介研究

宋梅〔著〕

TAZHE JINGXIANG XIA DE
《 HUANGDI NEIJING 》
YIJIE YANJIU

中南大学出版社
www.csupress.com.cn
·长沙·

此书出版得到以下课题基金的资助：

- 2019 年国家社科基金重大项目"中医药基本名词术语挖掘、整理及翻译标准化研究"（19ZDA301）

- 2020 年国家社会科学基金青年项目：海外中医汉学家翻译思想及其影响研究（20CYY004）

- 2020 年江西省高校人文社科青年项目"多模态话语分析：《中国日报》中医药英文新闻报道中的中医形象构建和传播策略"（JC20254）

- 2022 年度江西省教育厅科学技术研究项目"'一带一路'背景下中医药双语漫画故事的设计与应用"（GJJ2203546）

- 2022 年南昌医学院博士启动基金项目"中医元术语翻译及海外话语生成研究"（NY1322008）

- 2023 年度江西省中医药管理局科技计划项目"多模态话语分析视域下中医养生科普话语传播现状调查与发展策略研究"（2023B1367）

在这里，特别鸣谢上海外国语大学鲍晓英教授对本书的指导与帮助！

内容介绍

    本书是一部深入剖析《黄帝内经》英译的专著，作者通过对该领域的长期研究和实践，得出了较为深刻的研究观点。全书分为六个章节，在第一章绪论部分，作者介绍了本书的研究目的与意义、研究方法与思路、研究重点与创新点，为读者提供了一个清晰的认识。第二章进行了研究综述，从历时与共时的角度对中医典籍进行了梳理，对专著中的三个国外的主要英译本研究进行了总结，并提出专著中所使用的译例。第三章提出了专著所使用的主要理论，如传播学理论、译介学理论与功能语言学理论。第四章是专著的主体部分，以传播学为理论基础，深入探讨了《黄帝内经》三个英译本的历时流变过程。通过聚焦于传播者（译者）、媒介（文本符号)以及受众(读者)这三个核心要素,本研究旨在揭示英译本中的语言学特征、翻译策略,并更为关键地,分析这些译本嬗变背后的深层次原因。在传播者(译者)方面,本研究考察了个体译者如何将自身世界观融入跨语言转换过程中,并积极地介入翻译实践。这种个体性的介入不仅体现在对原文的解读与再表达上,更在于对中医文化独特性的理解与呈现。通过细致分析,我们试图理解译者如何在其翻译实践中,为中医文化的跨文化传播搭建起一座沟通的桥梁。在文本符号层面,本研究关注了《黄帝内经》英译本中语言符号的选择、转换与重构。通过对比不同译本在词汇、句法及篇章结构等方面的差异,我们试图揭示译本间的语言学特征及其背后的文化意义。同时,我们也关注到了译本在中医术语翻译上的创新与突破,这些创新如何影响受众对中医文化的理解与接受。在受众(读者)方面,本研究重视读者的评价与讨论,试图了解他们对不同译本的接受程度与反应。通过对读者反馈的收集与分析,我们试图理解受众的文化认同如何影响其对中医文化的接受与理解。这种文化认同不仅体现在对中医文化的价值判断上,更在于对中医文化在全球范围内的传播与接受上的态度与行动。第五章主要聚焦于以上译介对比分析视域下的中医典籍翻译话语体系构建。第六章为本书的结论部分，对本书的研究内容进行了总结，并提出了本研究的创新、局限于展望。

本研究从传播学视域下展开深度翻译研究，探讨《黄帝内经》英译本的嬗变机制，从历时的视角认识中医典籍外译当中的规律和问题。从译者角度看，《黄帝内经》英译本体现了极大的译者主观能动性，为我性和受动性，同时也反映了海外中医翻译家医学思维模式的变化，从译介中医文化到传播中医养生思想再到深度还原中医语境和原貌等。从文本符号看，语义概念阐释进一步清晰，语篇功能上更加注重文本艺术表现力，副文本形式增多，文化认同程度加深。从读者角度看，读者的文化认同度并没有随着译本的发展而加深，但从外国留学生这一群体出发，发现了他们对中医特有的偏爱和喜好。本研究认为，要理解任何一种文化现象，不仅要关注其内容本身，更要理解其形成的历史过程以及基于现实问题所做的跨时空意义与影响的观察。通过对《黄帝内经》英译本的历时流变过程进行深入研究，我们期望能够发现中医典籍翻译的规律和动向，为推动中医药跨文化传播提供有益的参考与启示。同时，我们也期望本研究能够为实现中医药文化"走出去"战略目标贡献自己的力量。

　　本书作者具有丰富的学术背景和实践经验，在中医跨文化传播与中医翻译方面有着较为深厚的造诣。在撰写过程中，作者从传播学角度深入挖掘了《黄帝内经》英译的文化演变脉络，提出了具有创新的观点和理论，各章节内容紧密衔接，逻辑清晰，使读者能够全面了解和掌握该领域的核心知识和研究动态，为读者提供了丰富的案例和实证数据。同时，本书对读者也具有重要的实际意义和价值，可以帮助读者提高专业素养、拓宽学术视野、解决实际问题。本书内容实用、可读性强，是值得一读的专著。

前　言

中医西译迄今已有三百多年的历史，早在 17 世纪，已有传教士展开中医药翻译活动。西方汉学家、史学家和人类学家成为海外中医研究的主力军，为中医的翻译和传播做出了巨大贡献。从早期传教士的零星介绍到后期海外中医翻译家的众多译本，表明西方译者正积极地参与中医文化的传播，而这一独特的"他者"视角提供了反观自身的镜像。翻译作为知识重构的第三空间，充满张力和阐释力度，是一种跨文化的融合与共建体系。西方译者的中医译作是对中医的现代性认同表述，是一种认知新模式。解构他者表述模式，有助于构建中医译语传播的新范式和新体系，提高中医对外话语传播体系的科学性和阐释力。

海外中医翻译学者作为在异域文化中成长的"他者",为中医叙事提供了一种独特视角,其构建的中医形象随着时间的推移渐渐发生了变化,西方世界对中医的认知和心态也随之改变。因此,需要进一步挖掘翻译文本选择表露的社会变迁,揭示翻译目的隐含的思维方式,翻译策略彰显的认同转向,找出其问题所在并考察这些问题所造成的后果就显得尤为必要。解构西方文化的中医叙事体系,能够占领文化间性空间,激活自身创造力,推动中医文化"走出去"战略。

本研究从传播学视角切入,从传播者(译者)、文本符号和受众(读者)三个方面探讨《黄帝内经》三个英译本的历时流变过程。论文的研究目的不仅在于探索英译本中的语言学特征和翻译策略,更为重要的是分析其嬗变背后的原因,这不仅包含考察个体译者如何将自己的世界观融入跨语言转换并积极地介入,还包括受众的文化认同即读者的评价与讨论。要理解任何一种文化现象,不仅要关注其内容,还要理解它形成的历史过程,以及基于现实问题做跨时空意义与影响的观察,这些都有益于发现中医典籍翻译的规律和动向,推动中医药跨文化传播。

本研究采用了文献分析法、话语分析、对比分析法、问卷调查法、扎根理论和跨学科研究法。通过对相关文献的细致梳理、分类与归纳，从历时角度挑选出威斯、倪毛信和文树德三个译本，对其作对比分析。首先对译者主体性做了详细阐释对比，其次是文本符号对比，通过话语分析，分析文本符号的流变形式，探究译本语言嬗变机制及叙事结构变化，并进一步探究文本符号与语境和思维模式之间的关系。利用问卷调查法和扎根理论对读者评论做详细的比较分析。借用人类学、语言学、文化学和传播学等多学科优势，展开译介模式探讨，探其原理，理论升华。

研究结果表明，译者为主体的译介对比：从文化身份上来讲，作为译者在整个翻译活动中表现出了极大的主观能动性，它体现了译者在语言操作、文化特质、艺术等方面的自觉意识，具有自主性、主动性和创造性。在主体动机这一节中，译者的翻译目的不同，导致译本的表达方式有所差异，译本形式经历了节译本、编译本和全译本的时空流变，体现了译者的为我性，即翻译目的性。在社会语境这一章节中，即译者的主体阐释都是在特定的文化语境中进行的，具体的文化背景和文化因素使译者对文本的解读打上时代的烙印，社会语境以及译者自身意识形态、价值取向等因素对译者有着制约性作用，体现了译者的受动性。文本为主体的译介对比：首先从语义上来讲，三个英译本经历了从语义笼统式转释，到进一步的语义阐发再到语言考究翻译，使西方读者对中医的理解经历了认识—理解—自我考证的转变，从"客位"的文化描述到转向"主位"的文化体验与情感。其次从语篇功能上来讲，三个英译本经历了从注重词汇表达到注重语篇表达的转变，从只注重语义传达到语义和形式兼重。其中，文树德译本中的重复手法相对其他译本较多，注重原文韵律节奏感的呈现，艺术表现力大大加强，使读者能够感受原文的韵律，体验其艺术表现力，对中医文化的认同度进一步加深。最后从副文本对比分析上来看，三个译本都呈现出了多样的副文本形式，构建中医文化体系，进行翻译目的语策略说明等，为读者理解译本起到了很好的铺垫作用。整体上来讲，除了倪本因为其传播目的，没有过多的使用副文本的功能，但从传播学的角度来讲，全文无障碍式阅读，为其译本的大众化传播提供了便利条件。因此，从威斯译本到文树德译本的副文本变化形式来看，脚注数量、参考文献和译本总页码数量有了很大的提升，文化交流本身就是丰富多彩的，不同的副文本会满足不同的文化交流需求。读者为主体的文化认同对比研究：从读者的讨论结果来看，倪毛信译本因语义传达清晰，医学信息饱满，阅读体验流畅，因而受到了外国留学生的喜爱。其次是威斯的译本，其译本词汇丰富，句式灵活多变，也受到了好评。再次是文树德译本，有一部分读者认为其诗学的表现形式有利于弥补原文艺术表现力的空白，提高中医在译语环境中的艺术表达力。但因其归化翻译策略、大量的脚注和对原文进行了大量考证，一定程度上阻碍了海外留学生的阅读体验，因此得分较低，但其严谨的学术性和深厚翻译风格，令许多医史学家和专业人士着迷。

本研究从传播学视域下展开深度翻译研究，探讨海外《黄帝内经》英译本的嬗变机制，从历时的视角认识中医典籍外译当中的规律和问题。从译者角度看，《黄帝内经》英译本体现了极大的译者主观能动性，为我性和受动性，同时也反映了海外中医翻译家医学思维模式的变化，从译介中医文化到传播中医养生思想再到深度还原中医语境和原貌等。从文本符号看，语义概念阐释进一步清晰，语篇功能上更加注重文本艺术表现力，副文本形式增多，文化认同程度加深。从读者角度看，读者的文化认同度并没有随着译本的发展而加深，但从外国留学生这一群体出发，发现了他们对中医特有的偏爱和喜好。本研究从传播学视角进行"中医形象"流变的反思，进而提出中医典籍外译相应的对策和建议，课题有助于其厘清当前中医典籍英译存在的问题，提高中医典籍英译的质量，进而提高国内外民众对中医文化的认识度和信心度。中医药翻译是中医药跨文化传播的一个重要方面，其中典籍外译占据重要地位，探索有效的中医典籍海外传播模式是极其必要的，研究成果可及时运用在中医药文化对外传播中，为国家层面进行大规模典籍外译活动建言献策，推进中医药文化"走出去"战略，提高国家文化软实力。

总之，与他人相遇对理解文化的力量及现实很有必要。不同译文的书写，是不同种族文明之间交流的发展动力，二者不是相互对立与排斥的过程，解构西方译者的中医药英译，构建中医在他者社会的形象，目的是使东西方文化能够超越界限，互通有无、互渗融会。

目 录

第二部分
中医典籍英译研究及传播学理论、译例引介

第三部分
传播模式、译介学和功能语言学理论阐释

第四部分
他者镜像下的《黄帝内经》译介研究

第五部分
基于译介对比分析的中医典籍翻译话语体系建构

引 言

在中华民族漫长的历史长河中，中医药是宝贵的医疗卫生资源。2020 年初新型冠状病毒肺炎是一场人类共同的灾难，在抗击新冠疫情中的中国方案中，中医药的治疗作用和中西医结合的治疗模式受到了海内外广泛的认可和赞同。清肺排毒汤、连花清瘟和金花清感等中药临床有效率为 90% 以上(国家中医药管理局紧急启动的"防治新型冠状病毒肺炎有效方剂临床筛选研究"结果)，在抗疫战场中发挥了重要作用，许多国家和地区向中国寻求中医药抗疫经验，加强了国内外对中医药文化的认同，增强民族自信和文化自信。

从历时角度看，中医药对外传播历史展示了一幅绵延数千年的历史画卷，在古代，特别是在唐朝、宋朝和明朝时期，中国政治、经济强盛、文化繁荣，科技进步，对外贸易频繁，交通渠道畅达，促进了医药文化绚丽纷呈，是中医药文化呈强势输出的鼎盛时期[1]。随着清朝的闭关锁国和新文化运动的剧烈冲击，中医药发展事业一度陷入低迷。新中国成立以来，国家制定各项有利政策大力扶持中医药的发展，但并没有取得我们所预期的效果，这是长期以来受西方文化中心论、现代科学霸权主义思想影响的后果，中医药文化研究与传播是中医药发展的当务之急[2]。

中医典籍荟萃了灿烂的古代百科知识，承载着中医药文化的精华，是中国文化得以体现的重要载体，也是世界医学界的宝贵遗产。中医典籍的英译则是让中医通向全世界的桥梁，是中医对外传播的先驱使者，是中医国际化的基础与前提，占据着重要的学术地位，对西方人更好地了解和学习中医，对世界医学的完善和补充无疑都具有重大意义。

《黄帝内经》作为中医典籍中的经典著作，其英译研究较为丰富，研究主要集中对译本微观语言层面的翻译方法论，当代多种翻译理论与《黄帝内经》的翻译研究尝试性结合，对单个译本的评述或多个译本的比较研究，以及对《黄帝内经》翻译情况的历时性回顾与梳理等四个方面[3]。但既有的研究过于注重文本本身，实践色彩仍显浓厚，理论建构性稍有不足，亦忽略了译本生产时的社会文化语境等超文本因素，即译介研究。译介研究不仅关心的是符码转换过程中的语言翻译问题，更为重要的是透过这些信息的失落、变形、增添、扩伸等问题去探讨翻译本身所具有的跨文化传播独特价值和意义。

　　本书试从传播学视域入手，对中医典籍英译中的译介和接受效度展开研究，以传播模式要素作为分析框架，以历时的角度选取三个在国外有影响力译本——威斯译本、倪毛信译本和文树德译本，从传播者(译者)、媒介(文本)、以受众(读者)三方面进行探讨。通过量化研究与质性分析，纵观三个译本流变的整体特征，结合具体的社会历史语境，探讨其变化与译者自身、历史、社会、文化及读者的互动关系，以理清中医典籍翻译的演变过程，并提出未来中医典籍翻译的可拓展空间。

　　翻译活动不仅是人类从事的一项重要社会实践活动，也是一项用来构建价值和解释意义的文化活动，人类之所以从事这项实践活动，是因为翻译活动具有价值属性，对人类社会发展具有推动作用。在现实语境下，中医在国际上面对的是文本上的误读、文化上的失语和意识形态上的霸权,《黄帝内经》的译介与传播关乎中国文化软实力建设。因此,研究《黄帝内经》的翻译显得极具样本意义。

本研究有助于加深对中医典籍英译这一活动的理解,进一步拓展其研究思路,研究结果有助于构建中医典籍翻译话语体系,促进中医药的跨文化传播,使世界更好地了解中医药、认可中医药、学习中医药、使用中医药,使世界了解中国,提升中国国家软实力。

01

第一部分

绪 论

1 研究目的与意义

1.1 研究目的

中医药文化对现代科学文化正在发挥着其重要的启发价值和借鉴意义，但其独特的文化特质使得中医药在跨文化传播中受到世界各地文化制约，对中医药国际化发展影响重大。在中医跨文化传播实践中，翻译担负着中医文化对外传播的重要使命。

翻译作为跨文化传播的媒介，传播功能是其本身属性。翻译将文化通过语言表达进行传播，是不同文化进行交流的桥梁和纽带。翻译作为人类沟通的方式，必然存在于不同文化中，它的实质就是文化间的交流，具有传播性和目的性。因此，从传播学角度对《黄帝内经》的译介活动进行探讨，有其本身的必然性，可进一步拓宽研究视角。

海德格尔曾指出，翻译是与河流的流动、历时的变化以及存在的变易一体的东西，是精神上的新旧交替、思想上的"旅程化"，而不是一般意义上的语言翻译[4]。因此，本书从传播学视角出发，从历时的角度选取在海外接受广泛的三个英译本，即伊扎尔·威斯（Ilza Veith）译本、倪毛信（Maoshing Ni）译本和文树德（Unschuld）译本，从传播者（译者）、媒介（文本符号）和受众（读者）三个方面探讨译本的变化与译者自身、历史、社会、文化及读者的互动关系，以期厘清中医药翻译的发展过程，在目的语中的内涵及其形式的变化，以及隐藏在这些变化后的深层原因。

本书将中医翻译研究放在广阔的社会、历史和多元文化的语境之下，以传播学、语言学和译介学理论为参照，以历史批评为根本，整合和反思在历时翻译过程中的各种问题，从而展开系统的梳理和整体思考，为中医典籍翻译实践活动提供认识论和方法论指导，促进中医典籍翻译话语体系的构建，提高中医药对外交流与传播。

1.2 研究意义

理论意义：《黄帝内经》内容遍涉天地人事，旁及文史哲学，融合诸子百家，语言精练，思想深邃，是中医文化"走出去"的亮丽名片，研究中医典籍的翻译能够促进中医药国际地位的提高和中医文化传播和传承，对树立和加强我国政府和人民在中医国际交流和传播中的主导地位具有重要的战略意义，对促进人类文化的跨语言交流、海外传承和发扬具有重要指导意义。

实践意义：传播学视域下的《黄帝内经》译介和受众认同研究使翻译不再被当作一个客观中立、无涉价值的过程，也不仅仅表示从原文到译文的符码转换，它更重要的是包括译者、文本和读者在内的一种文化认同过程。本研究为中医典籍的英译研究提供一个全新的视角，能丰富典籍理论研究，促进其译介实践的发展，弘扬中医药文化，推进中医药在海外的传播与发展。

2 研究方法与思路

2.1 研究方法

文献研究法：查阅相关文献，了解国内外中医典籍英译研究现状，收集权威斯译本及相关论文资料，确定目标译者和读者，并对目标译者和读者已有的研究论文、著作及相关材料进行分类总结归纳，形成基本研究思路。编写问卷调查和访谈大纲，对访谈记录和问卷调查进行备忘录撰写，形成初步的分析思路。

话语分析法：作为质性研究的一种，话语分析始于20世纪中后期西方语言学界面向符号和言语活动的研究，其主要特点在于：探究话语和语境的关系，把握话语中隐含的观念结构、意义、认知和记忆，发掘其背后的价值立场，意识形态权力关系以及思维方式。本研究根据功能语言学理论和副文本理论对文本符号展开了话语分析；根据概念功能、语篇功能和副文本，探讨语义的流变形式、语篇的衔接与连贯、副文本建构过程与效果，等等。

对比分析法：对比分析法也称比较分析法，是把客观事物加以比较，以达到认识事物的本质和规律并做出正确的评价。本书从历时的视角对《黄帝内经》的三个英译本进行译者、文本和受众对比，比较译本在这三个方面的差异性，并分析其原因，以窥探中医典籍翻译历史进程。

问卷调查法：本书拟用问卷调查法对所研究的受众认同问题进行度量。具体研究思路为：从已收集的译文出发，选取译本中的"治未病"理论译例，以调研读者在翻译活动中的文化心理认同为出发点，并进行开放式评价。调研对象为在校留学生，因此问卷以集体分发的形式进行，并辅以邮寄、个别分送等形式，调查问卷对研究对象可形成规范化、可计量的研究结果。

扎根理论：扎根理论的主要策略是利用文献分析、参与观察、开放性访谈等方法，广泛系统地收集资料，然后对资料进行分类编码，在此基础上概括出理论命题，再回到类似情境中进行检验，进而修正和发展理论。在"受众"这一部分中，对采集到的开放式评论进行理论分析，对评论进行聚类编码，层层递进，最后归纳出核心范畴，力图对受众研究进行整体思考与把握，更加全面地了解读者评论的意义。

跨学科研究法：中医典籍英译中的译介和受众认同研究是一个交叉学科的综合研究，本研究以传播学为理论框架，涉及多个学科门类，包括人类学、语言学、社会学、心理学和文化学等，跨学科、多领域、多视角的研究方法使本书的研究视野更为开阔，有助于取得预期的研究成果。

2.2 研究思路

本书拟从理论研究开始，理论研究结束后再进行田野调研，然后根据理论研究和田野调查结果形成本研究的理论思想。

2.2.1 理论研究

查阅相关文献，了解国内外中医典籍英译研究现状，重点梳理《黄帝内经》英译现状，并进一步梳理传播学、译介学和功能语言学等相关理论，为本书搭好理论框架。根据传播学拉斯韦尔的"5W"模式，本书研究内容主要集中于传播者（译者）、媒介（文本）与受众（读者）三方面内容。本书拟从文本入手，收集《黄帝内经》不同权威的译本及其相关论文和书评，进而确定目标译者与读者。同时，对收集到的论文、论著及相关文献和视频资料做文献梳理，对目标译者和读者做初步分析，设计访谈大纲和问卷调查，为后期实地调研做准备。

2.2.2 田野调研

由于译者与读者的主观能动性，为进一步证实理论分析，需进行实地调研。利用 Email、微信、QQ 等电子联络手段或参加学术会议时与目标译者和读者建立联系，展开问卷调查与深度访谈研究，并撰写备忘录，做好初步的材料分析工作。因笔者研究方向为跨文化传播，所以受众研究拟从海外留学生读者群入手，以本校国际教育学院留学生为主体，展开问卷调查与典型访谈研究，分析其阅读心理特征与反馈信息。

2.2.3 综合分析

整理问卷调查与访谈纪录，根据扎根理论，对访谈材料及文献进行编码分类，做定量与定性分析，从传播者即译者角度，剖析译者的文化身份、主体动机和社会语境对中医典籍译本建构的过程。从文本内容而言，主要集中探讨不同译本中的语言自身逻辑规则、语义和语篇的流变及副文本的不同变化形式，并联系译者的身份认同过程，分析其背后的原因。从读者角度而言，利用传播学中的"反馈"概念分析其阅读心理，如阅读动机、内化过程与反馈信息，从而实现译者与读者的双向互动。

中医典籍翻译本质上是多元文化相遇、相知与共存的过程。在这一多元文化交融的过程中，译者、文本和读者都会参与其中，通过对以上三者的内部文化认同机制的探讨，谋求译者、文本和读者之间的视界融合，视界融合视角下的中医典籍翻译要求译者"自我"与异质主体"他我"通过交互共生，实现译者和文本跨文化交流、译者和作者跨时空交流、译者和读者跨障碍交流，使中医典籍翻译实践更趋于科学的价值取向。

3 研究重点与创新点

3.1 研究重点

本书主要从传播学视角展开的《黄帝内经》译介和受众认同研究，从历时的角度选取三个英译本，从传播者(译者)、媒介(文本)和受众(读者)三个角度探讨其内部存在的译本流变机制及其原因。

通过深度剖析译者这一跨文化身份建构的过程，来回答译者的主体性因素是如何被注入具体的翻译行为中并得以成功运行的，这种跨语言操控行为背后存在着什么样的文化集体意识、个体心理动机、社会意识形态因素。

符号和媒介是整个传播工作赖以形成的中介，脱离了语言与符号，翻译就无法进行。因此，本书通过媒介符号即文本研究，根据功能语言学理论，拟从语义对比、语篇功能对比和副文本对比三个方面，从历时的角度剖析不同译本中的语义规则与语用规则及其外在表现形式，找出中医翻译的语言嬗变机制。

跨文化经历下的文化认同会于不同维度的翻译空间有所投射，实现多向互动性。在翻译活动中，译员实现的是源语和目的语之间的互动，也是译员和受众之间的互动，两者之间都是双向交流的。因此，从读者的类型、阅读心理和反馈信息研究读者的文化心理认同机制，有助于厘清受众自身具有的社会文化属性，最终实现中医典籍多元文化的跨文化传播与交流。

总之，通过问卷调查、访谈记录和文献材料，剖析中医典籍译者和读者隐藏在文本背后的跨文化心理动态和文本内部的语言逻辑规律。找出译者、文本和读者三者之间的视角融合，从视角融合的角度构建中医典籍翻译话语体系。

3.2　创新点

本书从传播学视角探讨《黄帝内经》译介和受众认同研究，使翻译活动跳出了静态的文本研究，转向译者和读者的心理动态活动，使研究意义跳出了语言工具这一言语操作层面的传统翻译观念，从而使中医翻译研究从工具理性上升为价值理性，有助于进一步拓宽中医典籍英译研究视角，深度理解中医典籍英译活动，促进中医药跨文化传播。

02

第二部分

中医典籍英译研究及传播学理论、译例引介

1　中医典籍英译研究梳理

1.1　历时视角

　　自 18 世纪中叶开始，欧洲国家开始进行海外殖民扩张，很多传教士来到中国，在传播西方科学文化技术的同时，开始译著各种著作。1735 年，法国出版了一部名为《中华帝国全志》的著作，这一英译本中的医药部分是中医古籍英译的先驱，是 18 世纪欧洲人了解中国的重要文献，同时也是欧洲人了解中医的重要书籍[5]。随后出现了英国汉学家翟理斯的《补注洗冤录集证》英译本[6]，英国传教士德贞的《医林改错》和中医导引气功著作《中国的治疗艺术》英译本等[7][8]，开启中医典籍翻译的序幕。

　　20 世纪初，中医典籍英译进入了缓慢发展阶段，此时出现代表性的译著有伊博恩翻译的《本草纲目》和《救荒本草》[9][10]、美国威斯翻译的《黄帝内经·素问》篇，中医医学内涵和文化价值意识已初显现[11]。新中国成立以来，随着我国各项事业的不断推进，中医典籍英译研究进入了理论初探时期，先后出现了吕聪明的《黄帝内经·灵枢》和《内难全集》英译本[12][13]，罗希文的《伤寒论》英译本、《金匮要略》英译本和麦克奈特的《洗冤集录》英译本等[14][15][16]，初步出现了个人翻译理论的总结，体现翻译和研究相结合，深入再现其历史文化价值[17]。

改革开放以来，我国各项事业出现了前所未有的繁荣景象。中医对外翻译开始全面拓展，中医典籍的英译数量剧增种类全面增加，英译理论高速发展，呈现百家争鸣的局面，由此构成中医典籍英译的理论争鸣阶段。迄今为止，黄帝内经的英译本和节译本已达20种，《伤寒论》英译本3种，出现了《本草纲目》《黄帝针灸甲乙经》《濒湖脉学》《傅青主女科》《银海精微》《丹溪治法心要》等译本并且多为全译本，典籍种类已扩展到针灸、脉学、妇科、眼科等临证专科著作及医家个人著作，此时国内外译者大多形成了自己的翻译方法和原则，因此出现理论争鸣的现象[18]。

1.2　共时视角

近年来，随着中医文化走出去战略的实施，中医典籍英译研究更是得到了迅猛发展，学者们从不同的角度、不同层面、不同维度展开了很多开拓性研究。从研究内容看，主要涵盖中医典籍中的语言现象研究，中医典籍英译中的原则、方法与策略、中医典籍英译发展史研究、和中医典籍英译中的文化现象等。语言现象研究包括修辞特点、排比句、四字词组、语义模糊词、文化负载词、中医术语和句子逻辑关系和语篇意识等，代表的专家与学者分别是李照国、姚欣吉哲、傅灵婴、张潋、张恒源、龚长华，张洁等人[19-26]。中医典籍大多成书于古代，其行文特点与现代文大相径庭，此类研究中重点探讨了中医典籍英译中的特色化语言现象，为深度理解其原文内涵及译文效果奠定了基础。

中医典籍英译中的原则、方法与策略探讨：如马莉的论文提出了从文体学角度下中医典籍应遵循的三个翻译原则，即准确性、优美性、民族性等[27]。江楠的博士论文主要论述了中医典籍术语、语句和语篇的翻译策略[28]。李虹的论文主要探讨中医典籍英译的具体策略和方法，如可以通过句子结构重组、增加主语、增加连接词等策略使汉语句子中的隐性逻辑关系在译文中得到体现等[29]。

中医典籍英译发展史研究：如邱功博士论文总结了中医古籍翻译近两百多年的翻译历史，进一步梳理了中医古籍翻译的历史脉络[30]。付明明的博士论文系统地从中医专著英译、中医经典著作英译、中医英文词典、中医英文期刊四个方面综合进行梳理的，归纳总结了中医英译在不同的历史时期的特点及中医英译著作取得成功的经验，进一步探索了影响中医英译发展的要素，并对其进行分析[31]。中医典籍英译发展史研究有助于理清典籍译介的发展脉络，宏观把握其研究特点，并据此提出一些对未来中医典籍英译研究发展构想。

中医典籍英译中的文化现象探讨：如陈战在其论文中提出中医典籍英译的文化缺省现象，并提出了对文化缺省的补偿与重构的策略[32]。何阳的《中医典籍英译中的中医文化趋同现象探讨》指出关注中医药典籍文献中的文化因素是规范中医翻译过程中译者理应采取的首要策略，文化趋同翻译原则的运用将直接影响中医药典籍文献的翻译质量[33]。这一系列论文重点关注中医典籍英译中的文化价值，有助于深度理解中医典籍英译中的各种文化现象，进一步促进其对外传播。

从研究视角上看，中医典籍英译研究还呈现多视角研究特征，涉及三十多种理论视角，其中包括语言学、哲学、美学、符号学、生态学等，语言学的理论有功能对等理论、图示-映射理论、框架理论、对比语言学、概念隐喻和认知隐喻、概念整合、格式塔理论、关联理论、语料库等。应用语言学理论的代表学者有张清华[34]、梁琥[35]、陈冲[36]、王兆男[37]、孙凤兰[38]、李莫南的[39]、曹柏川[40]、刘静[41]、王星科[42]、刘春梅[43]。涉及的哲学理论有阐释学理论、释意理论和接受理论等，代表论文作者有陈媛[44]、石少楠[45]、贺娜娜[46]，还涉及翻译美学、符号学和生态翻译学，代表论文作者有文佳[47]、杜福荣[48]、吴纯瑜[49]。此外，还涉及一些其他视角，如模因论、文体学、互文性、多元系统理论和译者主体性等。从以上综述可看出，研究视野从单一向三维、多维、整合的方向发展，不同研究视角可相互借鉴，且多样化的研究视角对不同译本的评判亦各异，可对译本做整体全面的认识，这将会使中医典籍的英译研究更趋完善。

在中医典籍英译本的综合评价上，此方面涉及中医典籍译本的社会功能、美学价值、翻译质量评价等方面的探讨。如中医典籍英译对中医药的跨文化传播影响，程玲的硕士论文主要探讨了中医药典籍英译对中医药跨文化传播的影响及其改善促进作用[50]。此外，还有如沈晓华的讨论《黄帝内经》美学价值的论文，强调译者在处理译文时，应当考虑原文的形式美、韵律美、修辞美和意境美。为保留英译过程中可能流失的这部分美学要素，译者可采用的整合补偿，具体分为：整合并划一句式结构，仿效并再造音韵结构，调整并转换修辞格、替代补偿、增益补偿、概念具体化和文中加注等方法[51]。刘明的论文强调在中医经典译文质量评价的研究中，问卷调查对象对原文的理解直接影响调查研究的结果。因此，这种研究必须在调查对象通晓原文含义的基础上进行。中医知识信息翻译的准确性和英语水平是评价译文质量的两个基本要素[52]。

总之，中医典籍英译呈现出多层面、多角度、多维度的研究局面，在众多研究译本中，因《黄帝内经》的英译本的典型性和代表性，研究者较多；其中研究重点集中于对单个译本的评述或多个译本的比较研究，对译本微观语言层面的翻译方法论的关注以及多种当代翻译理论与《黄帝内经》的翻译研究尝试性结合四个方面。既有的研究过于注重文本本身，实践色彩仍显浓厚，理论建构性稍有不足，亦忽略了译本问世时的社会文化语境等超文本因素。另外，在收集的硕士和博士论文文献中，硕士论文较多，博士论文较少，这表明中医典籍译本研究需进一步扩大，研究深度亟待进一步加强。

2 他者视角下的《黄帝内经》英译研究

老子在《道德经》中讲到，"道生一，一生二，二生三，三生万物"，即人世间存在求同存异的"第三场域"。翻译就是不同文化交流的第三场域，在这一场域中，可以集中映射不同文化之间交流碰撞的火花。从文献梳理中我们可看到，对《黄帝内经》翻译的外国译者要远远多于国内的译者。自1925年德国 Dawson 以论文形式发表在《医学史年鉴》的《素问》节译开始，陆续有多名海外华人及国外译者对中医典籍进行了翻译，例如美国医史学家威斯的节译本，美国临床医生的倪毛信的编译本，德国医史学家文树德的全译本等，"他者"视角的翻译给我们自身中医文化翻译提供了反观自身的镜像，即"他者"中的"他者"，解构他者视角可以有力推动我国中医文化翻译走向世界。

2.1　伊尔扎·威斯英译本研究

　　早些时期《黄帝内经》大多是以论文、摘要的形式在国外出现，1949 年加利福尼亚大学出版社出版了威斯博士的论文，威斯翻译的《黄帝内经》英译本是第一个真正意义上的英译本，即《黄帝内经》的节译本。从目前收集的文献来看，威斯译本研究较其他译本的研究较多，已有的研究主要集中在语言风格和流畅性、语言翻译的语义对等与比较、使用的英译策略和译者主体性等。例如《译介学视域下〈黄帝内经〉文化负载词英译的文化意象研究》[53]，在文章中采用了威斯和李照国的译本，从语言层面对两个译本中的文化负载词进行对比研究，讨论文化负载词的增添、失落、扩伸和变形，进而进一步优化翻译策略。《〈黄帝内经·素问〉威斯译本的译者主体性分析研究》从能动性、受动性和为我性三个维度分析译者主体性在威斯译本中的具体体现，了解形成威斯译本内容设置、语言形式表达等特点的相关原因[54]。

　　英译研究中经常讨论的是威斯作品的翻译策略，这包括如何处理特定的医学术语、历史背景和文化因素等。翻译者通常经过仔细权衡、选择准确的词汇和表达方式，以使翻译更贴近原文的意义。由于威斯的作品常涉及历史文化、特定的医学实践和概念，英译研究也关注如何进行文化适应，以使英文读者能够理解和接受威斯的观点和知识。英译研究也关注在翻译威斯的作品过程中，如何保持威斯独特的语言风格和流畅性。翻译者通常尽力还原作者的写作特点，并在可能的情况下保持翻译的可读性。综合已有文献研究可以得出：通过精确的翻译策略和文化适应，威斯的作品在英文版中得到了良好的传达，使英语读者能够深入理解威斯在医学史领域的贡献。然而，英译研究也提到了一些面临的挑战和需要改进的地方，例如在处理特定术语和保持语言风格上的困难。因此，继续研究威斯英译作品的方法和技巧将有助于提高翻译质量，进一步促进医学史知识的跨文化交流与传播。

2.2 倪毛信英译本研究

临床医师的倪毛信涉及临床实践、健康教育和中西医结合治疗等多个领域。1995 年，其《素问》英译本在香巴拉出版社出版发行。从已有的文献来看，对这一英译本的研究较少，已有文献主要进行译本对比研究、修辞研究及英译策略等。例如，《关联翻译理论视阈下的〈黄帝内经·素问〉转喻翻译研究–兼评李照国译本和倪毛信译本》[55]从转喻的视角出发，在关联翻译理论的指导下，进行译例对比分析，得出四种翻译策略：直接翻译、间接翻译、直接翻译与注释相结合、间接翻译与注释相结合。《〈黄帝内经〉倪毛信译本的修辞解读与译策解析》[56]从修辞学的角度对译文的策略进行了解析，指出译本采用逻辑显化、拓宽视域及译释融合等译策，创造易于目标语受众理解和接受的《黄帝内经》译文。

研究倪毛信英译的作品时，研究者常会采用文献分析、语义翻译和译者视角理论等方法来评估翻译目标文本的质量和效果。其中，研究者对译者如何准确地表达专业术语和复杂的医学理论表示了深入的兴趣。如何保持作者的语言风格和译文的流畅性也是一大关注点。由于倪毛信的临床实践经常涉及中西医结合的方法，因此需要探讨如何进行文化适应，使得英文读者能够理解和接纳这些观点和治疗方法。总结而言，通过采取恰当的翻译策略和进行文化适应，倪毛信的研究在英文世界里得到了有效的传达，从而让更多的英文读者能够理解和欣赏倪毛信在临床医学、中西医结合治疗等方面的贡献。尽管如此，翻译过程中所遇到的挑战和需要改进的空间，例如翻译医学术语和保持译文的流畅性，也应得到更多的关注和研究，以便提高翻译的质量。

2.3 文树德英译本研究

德国汉学家文树德对《黄帝内经》进行了深入研究并翻译成英文，其英译本是目前最具学术性的译本，大多数学者以他的英译本为例来进行中医英译的学术探讨。

从收集的文献来看，多数论文集中讨论文树德译本的语言语义特色、英译策略等。例如《文树德〈素问〉翻译策略研究》一文采用实证研究法对序言内容、访谈、自叙和译本等进行研究，发现总结其采用的异化策略[57]。《汉学家文树德及其〈黄帝内经·灵枢〉英译探析》，文章以德国汉学家文树德的《灵枢》译本为研究对象，总结译本所使用的翻译方法和特点[58]。

在翻译《黄帝内经》的过程中，文树德采用了多元化的研究手法，包括术语翻译对照、译意准确度比较以及古代医学理论的历史背景解读等。这些方法使得英译版成功地保留了原著的医学理论内容和哲学内涵。文树德对中医术语的翻译策略尤为注意，他致力于使英译版能正确、清晰地表达古代中医理论。在处理别具一格的术语和表述时，善于依据上下文，融合文化差异，保留原有的医学思路，避免了过度西化的译法。由于古代中医理论深入了中国传统的哲学思想和文化内涵，文树德在进行翻译时，亦尽可能将这些文化元素和背景信息准确无失地表达出来。文树德的《黄帝内经》英译研究为促进中医学术在世界范围内的传播提供了重要的参考和借鉴。他的译著及研究被国际学术界公认为对理解古代中医学有重大贡献。

综合以上译本的英译研究可以发现，多数英译研究集中于语言风格和翻译策略等，这是《黄帝内经》英译研究的基础。大部分学者能充分了解几个译本的语言风格、翻译策略和不足之处，但很少从历时的角度去深描他们的演变过程。通过仔细观察我们不难发现，这三个英译本都是海外译本，即从"他者"的视角进行的英译，出版时间分别为1949年、1995年和2011年。不同的时间会有不同的社会背景和翻译思想，即通过英译本可以观察海外翻译思想的演变和社会背景对译本的影响，使中医翻译研究有了更为深层次的研究意义。

3　传播学理论与翻译

谢天振指出：中国文化译介不是简单的文字转换而是文化译介，译是基础，介（传播）是关键[59]。中国文化的译介如果只重视语言的转换而忽视了对传播规律的思考和遵循是难以让中国文化真正走出去，很可能导致传而不通，成功译介的关键往往是传播。传播学能为中国文化译介研究提供理论养料。

吕俊 1997 年在《外国语》第二期发表了《翻译学——传播学的一个特殊领域》一文，是国内首次提出翻译传播学理论的论文，他将翻译学置于传播学之下，用传播学理论观照翻译学，即视翻译为传播活动的一种，包括传播的主体、内容、场合、目的、对象、渠道和传播效果等 7 个彼此密切联系的要素[60]。9 年后，他在《翻译学——一个建构主义的视角》一书中，把传播学的结构模式作为翻译学的机体结构进行研究，利用它来为构建翻译学服务[61]。随后，廖七一在1997年《四川外语学院学报》第三期上发表了《翻译与信息理论》一文，将信息传播的基本理论应用于翻译研究[62]。

在此后几年中，偶有研究翻译与传播学理论的文章出现，如张俊探讨传播理论对翻译学理论建设的意义以及对翻译研究的指导作用[63]；张燕琴运用了几种传播过程模式从传播学的角度探讨翻译传播过程的特点、规律和所涉及的各种关系[64]；孟伟根结合传播学原理，构想建立翻译传播学理论框架[65]；张从益对翻译的文化属性和文化功能的思辨，认为语言翻译是跨文化传播的中介，它既具有文化属性又具有传播属性[66]；罗选民探讨了文化传播与翻译的关系[67]。但以上种种对翻译与传播学理论的研究似乎一直都处于一种表面的、零星的、非连续性的状态，而且基本都是在理论上进行的思辨研究。

翻译是人类高级认知活动，涉及众多要素，仅仅依靠一门学科是难以对很多翻译现象作出全面而合理的解释的。翻译学和传播学两门学科在内在属性上联系紧密，难以分割。作为研究传播现象及规律的传播学能够对翻译学产生重要启示，翻译学可以借鉴传播学的基本理论框架建立符合翻译现实的、科学的、系统的翻译传播学理论体系并以此指导翻译实践。翻译就是传播，从传播学视角研究翻译不仅合乎情理，在学理上也是站得住脚的，具有合法性，翻译传播学存在的合理性就在于此。

翻译传播学具有很强的合理性，是一种有效的翻译研究新范式，也符合学科发展的科学性，翻译传播学之"名"已基本确立。翻译传播学之"实"也基本廓清，有其独特的研究对象和具备专业而系统的研究方法，是这门学科的进一步发展的基础。相信随着越来越多学者的深入研究，翻译传播学有望成为一门真正的学科，成为翻译研究的新增长点，引领翻译研究实现新的跨越，丰富传播学的研究内容并促进两个学科的跨学科交融。从以上研究综述中可看出，中医典籍英译研究鲜有从传播学角度来进行探讨，中医典籍英译本身就是一种跨文化传播活动，因此有必要从传播学的角度探索其内在的规律，以便于进一步加深对中医典籍英译这一翻译活动的理解。

4 《黄帝内经》中治未病理论

中医治未病理论是我国传统医学中最璀璨、最具影响的学术思想之一。中医学"治未病"理论，肇起于《易经》，完善于《黄帝内经》，在历代医家的医学思想中不断得到丰富和发展[68-69]。《黄帝内经》中对治未病理论形成了比较全面的概括和总结。其主要内容集中在其第一卷的前三章，并散见于其他各篇。

在一章节中主要介绍了轩辕黄帝和他的天师岐伯，两位围绕着人类生命的规律进行探讨，主要包括三个方面：人类长寿的秘密、人类的生理年限和能够长寿的三类人。人如果要想长寿，必须掌握养生的方法，如日常生活中起居要有规律，不能暴饮暴食，不能过分劳累，等等。在人的生理年限中，探讨了女子每七年就会有生理变化、男子每八年会产生变化以及每个阶段生理变化的具体情况。在第三部分探讨了三种能够长寿的人（第一种人是真人、第二种人是圣人、第三种人是贤人）以及这三种人能够长寿的原因。

在第二个章节中主要围绕如何顺应四季来进行中医养生的方法和道理。如在春季万物萌发的季节，人要保持精神愉悦，形体要舒缓，如果违逆了春气就会伤及肝脏。在夏季万物繁茂的时节，要晚睡早起，不可随意发怒，如果违逆了夏气就会伤及心脏。在万物成熟的秋季，要注意收敛保养人体的神气，否则就会伤及肺脏。在万物蛰藏的冬季，应该早睡晚起，不可开泄人体的阳气，否则就会伤及肾脏。在这个章节的第六小段和第七小段又从阴阳之道和宇宙生命的高度论述了平时重视养生保健对预防疾病起到举足轻重的作用。

在第三个章节中主要围绕人体要主动适应客观环境，以通于天气为生命之本。例如，我们在春夏秋冬四个季节要经常晒太阳，这样我们的阳气才能够固密，即使恶劣的客观环境也对我们的身体无法造成伤害。然后，探讨了在极度寒冷之时和人体过度烦劳之时都会引起病变，因而指出人只有在顺应天地阴阳之气时，才能保持肌体平衡健康。最后，指出四时气候和人体的不良饮食都会影响五脏，从而引起疾病。

除了以上三个章节的内容外，中医"治未病"思想还散见于其他各个章节中，如《灵枢》的《本神》、《天年》和《无味》等专论。因此，本书选取的译例语料主要集中在书中的前三个章节中。从收集的文献来看，众多学者运用治未病理论探讨临床具体病症的预防与治疗，可见其丰富的临床实践意义。随着疾病谱的改变，退行性疾病、代谢性疾病、功能失调性病症、心脑血管等慢性疾病不断增多，给社会及个人带来越来越重的负担，"治未病"势在必行。因此，笔者以《黄帝内经》英译本中治未病理论为例，从译者、文本和读者三方面探讨其文化认同状况，让读者进一步理解中医这一独特的理论及治疗方法，提高中医海外传播质量。

03

第三部分

传播模式、译介学和功能语言学理论阐释

1　传播模式论

　　关于传播学模式理论的研究成果较为丰富，美国传播学家 D. 伯洛首次提出将传播作为一个过程来研究，为了将传播过程研究简化、直观化，将真实世界复杂的传播现象作理想化的简化关系，即采用"模式"来描述和研究传播结构和运动过程。这样便可以人为地将其分成几个理论部分，分别进行分析和探讨，便于进行科学研究和观察，从而上升为抽象理论。

　　自 1920 年以来，西方传播学研究中因采取的研究方法和研究视角不同，因此出现了数以百计的传播模式，这些传播模式按照其研究特点可大致分成三类，即线性传播模式、控制论传播模式和系统传播模式。线性传播模式在早期的传播学文献中较为流行，拉斯韦尔模式、香农—韦弗模式是其中的典型。控制论模式在线性模式基础上提出了"反馈"的概念。反馈指的是受传者在接受信息后会产生不同的反应，其代表有施拉姆模式和韦斯特利—麦克莱恩模式[70]。系统论模式在线性模式和控制论模式的基础上更多研究社会环境对传播的制约及影响。系统论传播模式以赖利夫妇模式、马莱辞克模式、梅尔文·德弗勒模式为代表[71]。

虽然传播模式众多，但拉斯韦尔 5W 传播模式简便直观，因此它受到了许多学者的追捧，其应用也在学界较为广泛。该模式由美国政治学 H. D. 拉斯韦尔提出[72]，5W 传播模式将传播活动主要集中在这五个问题，即谁是传播者、传播什么内容、通过什么渠道传播、受众对象是谁、取得怎样的传播效果。西方学者认为，"5W"模式概括性强，对大众传播的研究起了很大的推动作用，有助于对传播过程的每个环节进行独立研究，但它忽略"反馈"传播因素，有一定的局限性。因此，笔者拟用拉斯韦尔的"5W"模式，结合控制论模式的"反馈"概念和系统论模式的社会环境因素，作为本书的理论框架，从传播者(译者)、传播内容(文本)、传播对象(受众)等方面展开研究。

2 译介学理论

　　谢天振教授的《译介学》自问世以来，被引用率在国内翻译界和比较文学界都名列前茅。译介学是近年来翻译研究中最富有生气的研究领域，有众多学者对译介进行了深入探讨。译介学的研究超出了翻译学研究的范畴，体现了翻译作为人类一种跨文化交流的实践活动所具有的独特价值和意义[73]，把翻译研究置于更为广阔的文化语境下，重点不去研究翻译的标准、技巧、方法(如"直译"和"意译"、"归化"和"异化"、"信达雅")等问题，而是强调翻译作品中的形象、情感以及其艺术效果是否具有与原文相同的感染力，它们不仅在译入语文化中的影响与效果与原作品有一致性，还另有独创性。译介学从文化和文学层面，从跨文化、跨语言、跨民族的角度来考察、研究翻译，并不负有指导翻译实践的任务，是对跨语际传递中的既成文学现象或文化现象的描述和分析。

译介学既是一种翻译研究方法，也是一种比较文学研究方法，每一次的译作都为那些从原作中生发出来的新意义提供了很好的"笔录"。通过研究比较不同译本之间的变化，我们可清晰地触摸到语言文化跳动的脉搏，从译本比较中寻找社会文化变化的踪迹，这是译介学的一个重要研究路线。正如歌德所说："原作和译作之间的关系，最能反映民族与民族之间的关系。"由于译介学理论本来就关注文学文化跨语言、跨国界传播的本质，也特别关注制约文学文化在译入国语境中传播的各种因素，因此译介学对文化外译的阐释比传统的翻译研究显得更加深入。

严格而言，译介学的研究超出了语言层面的研究，是通过语言的描述来进行文化层面的研究[74]，译介学的研究标志着我国的翻译研究开始走出以"怎样译、如何译"为标志的翻译技能、技巧的研究，而逐渐融入当代以"文化转向"为主导的翻译研究，至此才能将翻译研究思想从工具理性上升到价值理性。

3　功能语言学理论

　　韩礼德的系统功能语言学是 20 世纪最具影响力的语言学理论之一[75]，主要涵盖了两个部分，即系统语法和功能语法。在韩礼德的这一完整的语言研究框架体系中，它们是两个密不可分的部分。系统语法旨在把语言作为一个系统网络或意义潜势（meaning potential）系统来解释，分析其内在关系，这一网络中包含各个子系统，语言使用者可以从中做出选择。功能语法的目的则是要揭示语言是一种社会交往方式，其依据是：假设语言系统及构成这一系统的各种语言形式不可避免地由它们的用途或充当的功能决定。

　　系统功能语言学理论认为语言有三大宏观功能（macrofunction）或纯理功能（meta function），即概念功能、交际功能和语篇功能。概念功能指的是语言能够传递新信息的功能，向听话人传达他所不知道的信息。它可以再分成经验功能和逻辑功能。交际功能是指用语言来表达人与人、人与社会的关系功能，包括讲话人进入语言情境，开始讲话的形式。语篇功能是指语言通过主述位结构和有效的衔接手段把书面语或者口头语连接成一个逻辑连贯的语篇。

宏观功能或纯理功能理论是系统功能语法中功能方面的一部分，但是就其系统方面而言也很重要。每一种功能都包含主要的系统，简单地说，概念功能主要包含及物性（transitivity）和语态（voice），交际功能主要由语气（mood）和情态（modality）实现，而语篇功能主要涉及主述位结构（theme－rheme structure）、信息结构（information structure）和衔接（coherence）[76]。本书主要运用系统功能语言理论的概念功能及语篇功能，对比分析三个英译本，从历时的角度找出三个英译本的语言历时嬗变机制，并和第一部分的译者主体性联系来进一步佐证。

04

第四部分

他者镜像下的
《黄帝内经》译介研究

1　传播者(译者)为主体的译介对比分析

自翻译研究的开启"文化转向"之后,译者作为翻译的主体地位逐渐获得认同,译者不再是隐形的,而是逐渐显形。韦努蒂、巴斯奈特、罗宾逊等学者都对译者的身份和主体性做了大量的研究。罗宾逊认为,外部因素,如意识形态、赞助者、译者自身的素质和经历共同塑造和影响着翻译过程和译文,而且影响是不可避免的。译者在翻译实践过程中,是具有多重身份的,首先是读者,然后是重写者,再者是批评者和社会个体。译者充分调动他们的多重角色,在自身能动性和外部制约因素之间取得一个动态平衡。

本书拟从译者的文化身份、主体动机及社会语境三个方面对三个英译本展开对比分析,以便找出译者不同的文化身份、不同的主体动机及不同的社会语境对译本产生的影响,厘清译者在翻译过程中的主观能动性,从而注重传播者的主体性。

1.1 译者文化身份对比分析

译者作为翻译活动中重要的主体，其语言选择、语言呈现的过程不可避免地反映了他们的文化身份和实践身份，身份是对自己和他人的社会定位[77]。身份既包括宏观的社会身份，如国家、民族、种族、性别等，也包括微观的、具体的个人身份，如家人、朋友、同事。对于译者身份的研究，有宏观的社会身份研究，如性别角度[78]、国家和民族身份角度的研究[79-80]，还有译者特定的身份及其构建及评价的研究。具体来说，有文化和语言角度[81]、译者伦理角度[82]、译者的动态身份构建角度[83]、从译者身份评价翻译的角度等维度[84]。本书结合威斯、倪毛信和文树德的三个译本，对译者文化身份即社会角色在译文中的具体体现及影响等问题进行探讨。

1.1.1 爱尔萨·威斯：医史学家译介中医文化

爱尔萨·威斯，出生于德国，1937 年赴美留学，1947 年获得约翰霍普金斯大学医学史研究所的第一个医学史博士学位。1949—1963 年在美国芝加哥大学任医学史讲师。1964—1979 年，在美国加利福尼亚大学任医学史教授。1975 年获日本东京顺天堂大学医学科学博士学位，并任顺天堂大学名誉教授。她在约翰·霍普金斯大学医学史研究所期间，主攻《素问》研究[85]。作为医史学家，威斯在译本中指出："翻译这一经典代表的是一位医学历史学家的观点，而不是中国的语言学者。希望这一初步研究将会作为进一步研究文本的起点。"1949 年，巴尔的摩威廉斯·威金斯公司出版了她翻译的《黄帝内经》前 34 章。

威斯的译本的目的在于部分引介中医传统文化，从人类历史发展的角度来审视《黄帝内经》。在译本的前言、序言中介绍了较多医学史家的研究思想，如在序言中分析西医在中国的发展历程及中医并未灭亡的原因，又从儒家思想等中国传统文化角度分析了中医为何没有解剖这一现代医学手法，还在脚注中讲述了扁鹊和华佗的故事，使西方读者进一步了解中医。

威斯在分析《黄帝内经》这一章节中详细阐释了中医为什么没有外科手术和解剖，并不是中医内科的优越性使外科手术变得不必要，而是中国传统儒家思想关于身体的神圣思想影响了外科手术的发展趋势。然后，她介绍了中国历史上两位杰出的外科医生扁鹊和华佗，扁鹊曾熟练地运用麻醉技术进行无痛手术，甚至成功地交换了两位病人的心脏。华佗关于外科手术和麻醉的著作留传后世，以出色的手术技巧而闻名于世。不幸的是，他们的作品在后期战乱的年代被毁，除了它的阉割方法继续被实践，其他的外科实践基本废弃。外科手术会带来宗教污名，外科医生的社会地位越来越低，使得中国外科手术无法复兴[86]。

在分析内经的成书年代与作者考证这一章节，威斯考证了黄帝的姓氏和成书年代，在书中译者叙述了黄帝姓名如何得来，以及黄帝的坐骑麒麟等特有的中国文化元素，使读者加深了对"黄帝"这一个人物的认识。

威斯在原文中这样阐释道："黄帝是中国传说中最著名的统治者之一。据说他的统治时期为公元前2696 至公元前2598 年。他的母亲是附宝，在姬河畔生下了他，这也成为了他的姓。他的名字叫有熊，取自他世袭公国的名字；也有人叫他轩辕，据说是他居住附近的一个村庄的名字。也有人说他是发明家，他发明了盔甲、船舶、陶器和其他有用的工具。他结束长期统治是以凤凰和麒麟(与独角兽和长颈鹿有关)的出现为标志，这是他明智而人道的行政标志。

从以上两个例子可以看出，威斯善于从人类文明发展的角度去阐述中医学的产生和发展，善于联系中医的母体文化，即中国传统文化，追踪历史，深化翻译语境，使读者加深对中医一些现象的理解，体现了医史学家译者的主体性。

1.1.2　倪毛信：临床医师增删医学信息

倪毛信博士是美籍华裔中医临床执业医师，是著名的中医师和健康教育专家。他出生于中医世家，受过中、西方两种医学教育。他提倡"保健医学"和"整体疗法"，擅长中医养生研究。他认为现在的医疗系统完全处于生物技术和药物的主宰，从目前的医疗效果来看，危机重重，而中医中的整体疗法显示出了极大的优势，如中医中的许多自然方式能够激活人体的自愈能力，不需要药物的生物作用也能治愈疾病。他先后出版了几部关于中医养生保健的著作，还在洛杉矶设立了中医药大学。他作为中医专家，经常受邀到国外演讲，在美国的主流报刊杂志上如《纽约时报》《洛杉矶时报》等经常出现。1995 年，其《素问》英译本在香巴拉出版社出版发行。

倪毛信从临床执业医师的角度对《素问》进行大量的阐释与编译，不再利用脚注的形式进行标注，而是把它们合并到翻译主体中，使译本清晰明了，读者阅读流畅。如在第三章《生气通天论篇》中有这样一句："其生五，其气三。"如果将其直译，对不了解中医的外国人来说必然不知所云，因此倪毛信将其内涵进行有效阐释，原文这样阐释道："宇宙的阴阳转化为五种尘世的转化能量，也被称为五行相，由木、火、土、金、水组成。这五个元素相也对应着宇宙的三阴三阳。以下是控制天气模式的六种大气影响因素，这些影响因素反映在我们星球生态的变化中……[87]"通过这一阐释，读者能明了其内涵，了解了天气衍生五行、阴阳之气又各分为三这一中医原理。这一译本流畅清晰。

作为临床医师，倪毛信考虑到西方读者对有些中医理论难以理解，因此对原文进行了删减和增译。如：

原文：今时之人不然也，以酒为浆，以妄为常……以耗散其真，不知持满，不时御神，务快其心，逆于生乐，起居无节。

译文：These days, people have changed their way of life. They drink wine as though it were water … They do not know the secret of conserving their energy and vitality. Seeking emotional excitement and momentary pleasures, people disregard the natural rhythm and order of the universe.

原文的意思为：现在的人有很多不良的生活习惯，如过度饮酒，滥饮无度，这样便耗散了人体的真气，不能保持精气的充满，不懂得调理的精神，只图一时之快，这样就悖逆了人生乐趣。在倪毛信的译文中，有几个四字句没有翻译出来，如"耗散其真""不时御神""逆于生乐"。中医中的"神"和"精气"对没有相应的中医背景的外国人来讲很难理解，所以倪毛信直接将其删除。虽然从翻译学的角度没有达到如实传达原文内容的要求，但是从传播学的角度来讲，删除不利于外国人理解的语句，而是用较为通俗易懂的概括性的句子来表达，这样更利于受众的接受。

又如原文：夫上古圣人之教下也，皆谓之虚邪贼风，避之有时，恬淡虚无，真气从之……

译文：The accomplished ones of ancient times advised people to guard themselves against zei feng, disease-causing factors. On the mental level, one should remain calm and avoid excessive desires and fantasies, recognizing and maintaining the natural purity and clarity of the mind.

这段话的意思为：上古的圣人在教导黎民百姓的时候，强调在日常生活中要避开不正之气，思想上要清心寡欲，消除无谓的杂念，保持心情安闲平静，这样人的精神便可以守持于内。在这段话中，译者为了便于读者理解，在译文中增添了相应名词的解释。如中医术语"贼风"，在中医中可理解为不正之气或者引起疾病的外在因素，译者在音译这一术语后，另外增添了相应的解释，把它解释为引起疾病的因素。这样的翻译虽然并没有将"贼"的含义译介出来，但可以使国外读者掌握其大致的语义含义，从而理解原文。仔细观察，不难发现译者在译文中增添了"on the mental level"，删除了

"避之有时"等翻译。

从以上的两个译例来看，倪毛信在自己的译文中删除了海外读者难以理解的中医特有概念，按照自己的已有知识概念增添了利于读者理解的词语和语句。这种采取阐释、增添和删减的翻译策略对《黄帝内经》进行译介，符合临床医师注重医学实用性的主观能动性，译介内容受到译者文化身份的制约和操控。

1.1.3 文树德：医史学家深度考究语源

文树德先生是当今欧洲学界权威的中国医学史家，先后担任过慕尼黑大学医史研究所所长（1986—2006年）、柏林夏利特（Charité）医科大学中国生命科学理论历史伦理研究所所长（2006年至今）[88]，其影响力最大的三部著作为《中国医学：思想史卷》《中国医学：药学史卷》《素问：古代医学文本中的自然、知识和意象》。此外，他还翻译了几部中医典籍，如《难经》《黄帝内经素问译注》《被忘却的中国古代医学传统》等。

由于文先生有药学、公共卫生交叉学科背景，区别于其他学者，他更关注中国历史上文化、思想、经济等社会背景对医学发展产生的影响。例如，在不同历史时期，刺激中医发展的原因是什么？同时，他还关注中西医学发展的异同，从产生和发展的社会背景、思想背景到概念、术语、理论、治疗方法及研究方法等多个层面比较中西医差异。在翻译当中，他将长期坚持的史学—人类学方法贯穿于《素问》译注的全过程，因此与其他译本相比，该译本的解读视角与众不同，一经出版便引起中医学界的普遍关注。

文树德一直反对盲目迎合一般读者的理解水平，用西医术语来硬套中医术语的做法。跟现有的其他译本不同，文树德《素问》译本是严格按照语言学原则来翻译的，在脚注中深度考究语源与语境，最大限度地反映《素问》的原意与风貌。为了探究古代医学中比象隐喻的原意，译者没有使用当代西医术语去解释或意译两千年前的著作，而是在充分了解古代医学术语形成的初始原因的基础上，选择合适的词汇，配合注释，反映中国医学的真实内容。可以说，这种有"厚度"的翻译形式，使译本内容更加全面、方法更为严谨、文化传递性高，是当之无愧的学术典范，因而那些熟悉中医原理和中医历史编纂史的读者将会对这本《素问》着迷。例如：

原文：食饮有节，起居有常，不妄作劳。

译文：［Their］eating and drinking was moderate. ［Their］rising and resting had regularity. They did not tax ［themselves］with meaningless work.

脚注：Lin Yi et al. :"Quan Yuanqi has'饮食有常节，起居有常度，不妄不作'nor did they commit any deceptive activities. "[89]

除去译者补充的"Their""Their"和"themselves"，译文的内容和形式均与原文保持一致，脚注则阐明不同朝代的医家包括林亿、全元起、杨上善和王冰等对《黄帝内经》的评注。《黄帝内经》的评注本《太素》中的原文为"饮食有常节，起居有常度，不妄不作"，王冰将其改为"食饮有节，起居有常，不妄作劳"，脚注主要对"不妄不作"和"不妄作劳"做了解释说明，认为王冰将"不妄不作"改为"不妄作劳"，"作"的语义成分打了折扣，一定程度上歪曲了原文的意思，并对新的解释进行了重译。这段脚注使读者了解这句话产生的多重意义或有争议的内容，创造深度化语境。类似的例子在译本中比比皆是，这种利用脚注的形式对原文进行考证和探讨的译本较为罕见，这一行为体现了医史学家严谨而专业的翻译风格。

1.1.4 小结

从以上分析可以看出，作为首个翻译《黄帝内经》的美国医史学家威斯，在译本中注重阐释自己的观点，在译本中有将近一半的篇幅在解释她对《黄帝内经》的理解和认识，注重对原文本的考证，对中国中医学进行了细致深入的研究，为译本提供了丰富的理论支撑。而作为临床医师的美籍华人倪毛信则注重译文信息的有效传达与沟通，根据自己的临床经验和理解对译本进行了大量的编译，使译文读起来语义明晰、通晓流畅。作为德国医史学家的文树德，在翻译中注重语言文字的考究和语境的深化，大量的脚注最大程度地呈现出历史解读的视角，力争全面还原原文风貌，使读者有机会接触不同的观点和解释，进而自行构建对中医的整体形象。

作为翻译行为人的译者，不仅是语言转换者，更是自己文化身份的认同者，在译文中表现出了极大的主观能动性。这体现了译者在语言操作、文化特质、艺术等方面的自觉意识，具有自主性能动性和创造性等特点，而这些特点又和自己的文化身份遥相呼应。总之，分析译者的文化身份对翻译的影响，有助于译者进行正确的定位，并为今后从事中医药翻译的译者提供科学的指导方针，在不违背目标受众审美期待的前提下进行适度创新和异化，有利于更好地体现语言的活力，有利于中医药文化的传播。

1.2　译者主体动机对比分析

翻译动机是指翻译目的，指向原文文本或原作者的内部心理过程，还可称为内驱力[90]。翻译动机是进行翻译活动的前提，它所发挥的作用与影响贯穿于整个翻译活动之中，起着至关重要的作用。翻译动机决定翻译行为的指向，即决定原文文本和译作读者的选择。也就是说，选择何种原文文本进行翻译，并期望所译出的译本对读者会造成何种影响。同时，翻译动机还决定着翻译策略的选择，即采取何种翻译方法与翻译形式，决定着翻译活动进展情况以及翻译结果成功与否。反之，这些因素也反作用于翻译动机，使之强化或衰减，下面结合三个英译本的具体翻译实践来探讨译者的主体动机对翻译实践的影响。

1.2.1 威斯：部分引介中医传统文化

作为首个《黄帝内经》的译本，威斯在译本的前言中明确表示，此译本是为了部分引介中医传统文化，让西方人了解这一东方神奇而又古老的医学，因此她只翻译了《素问》的前 34 章，认为《素问》的前 34 章可代表此书的主要观点。尽管此观点有些片面，但因当时资料匮乏，能对前 34 章翻译实属不易。从威斯在译本序言中的说法及译本的内容来看，这本英译本主要是从医学史的角度对《黄帝内经》的内容及当时西方对《黄帝内经》的研究状况作了初步的翻译介绍，并不涉及语言学和文字学的内容。

威斯在前言中写道："为了使这本书对西方医史学家达到可用的目的，我们并不需要迫切地研究每一个字和句子的语言学派生问题，而是要提出工作的实际内容。我曾在工作之初咨询过《前汉代史》的译者杜布斯教授，他建议我对《黄帝内经》做一个粗略的翻译，通过这样的翻译，就有可能找到需要更详细和仔细翻译的段落。在接受其建议后，我也接受了西格里斯特博士在其前言中的思想，即目前的重点并不是发表一本基于语言学分析的评述版译本，而是要知道书中什么是有价值的、什么是无价值的。因此，我们应该认识到，这一经典的翻译代表的是一位医学历史学家的方法，而不是一位中国语言学家的方法。我们希望，这项初步研究将作为关于该书进一步工作的起点，并更具体地注意到它的许多语言问题。"

威斯译本成书于1949年新中国成立之初，《黄帝内经》的文献研究尚处于初探萌芽阶段，对其白话文的研究尚少，再加上汉语科技、哲学、医学辞典等工具书的匮乏，威斯只能参照古文本进行翻译，因此难以追溯其真正意义，《黄帝内经》中的通假字、古今异义词等可能会使威斯望文生义，难以区分对待；另外，威斯虽然是美国的医学史家，精通英语但对中医文化及医古文献缺乏完整的知识体系，对奥古玄妙的中医文化及博大精深的中国文化的探究不够深入，因此这一译本出现了一些较严重的理解错误。如大量借用西医学术语来表达中医学概念，例如：

原文：肾者，主蛰，封藏之本，精之处也，其华在发，其充在骨，为阴中之少阴，通于冬气。

译文：The kidneys (testicles) call to life … and they are the place where the secretions are lodged. The kidneys influence the hair on the head and have an effect upon the bones. Within Yin the kidneys act as the lesser Yin which permeates the climate of winter.

在译文中，威斯将"精之处"翻译为"the place where the secretions are lodged"，"其华在发"翻译为"the kidneys influence the hair on the head"，"冬气"翻译为"the climate of winter"。在原文中，精是指人体的精气，是形成和保持生命的原始精微物质，不能简单理解为分泌物，"其华在发"是指肾精是否充盛，可以通过毛发观察。因为发为血之余，血和精又同源而相生，不能简单理解为肾脏影响了头发。"通于冬气"的意思，就是肾的封藏功能，就像冬天一样。冬天气温下降，一些动物会冬眠，人们应该在冬天的时候静养，不要做过于耗散的事情，才符合自然规律，不能翻译为冬天的天气。威斯大量借用西医学术语来表达中医学概念，显然是对原文本理解错误。又如：

原文：清阳实四支，浊阴归六府。

译文：Yang, the lucid element of life, is truly represented by the four extremities; and Yin, the turbid element of darkness, restores the power of the six treasuries of nature.

60

原文的意思是：清阳之气充实于四肢，浊阴之气内走于六腑。原文中，"府"与"腑"是古今字，"六府"就是对应现代汉语中"六腑"。威斯直接按照字面意义将"六府"翻译成了"six treasuries of nature"，属于对原文的理解错误。

威斯的翻译目的是部分译介中医传统文化，但由于当时工作条件所限，译本中出现了一些理解错误，常有译词与西方术语混淆，造成了理解上的障碍，很大程度上影响读者的理解。但其译本语言优美流畅，译文层次分明，逻辑连贯，译笔灵巧，大胆创新，对西方了解中医作出了不可磨灭的贡献，也达到了其翻译动机。

1.2.2　倪毛信：注重实用性和临床价值

倪毛信的译本出版于1995年，是全文编译的译作。倪毛信在译本的前言中解释了自己的翻译动机，表明自己的译本不是学术意义上的版本，并确信汉学家还可以做出其他的改进。倪毛信本人是一名临床医师，因此他是从一名临床医生的角度来诠释《黄帝内经》这一经典，所以其着眼点是向西方传播《黄帝内经》中的中医学知识和养生智慧。在他看来，目前人类的疾病治愈大多依靠药物和生物医学技术，在一定程度上忽略了人体的自愈能力，这是现代医疗体系的危机所在[91]。所以，他十分推崇中医中的"整体疗法"和许多养生保健的方法，主张用中医中各种自然疗法如按摩、针灸、太极拳等，激活人体强大的自愈能力，以此作为解决现代医学危机的关键方法。因此，他在译本中加入了许多中医养生保健的阐释，以助于读者理解。如：

原文：上古之人，其知道者，法于阴阳，和于术数……

译文：In the past, people practice the Tao … by the transformation of the energies of the universe. Thus, they formulated practices such as Dao-in, an exercise combining stretching, massaging, and breathing to promote energy flow, and meditation to help maintain and harmonize themselves with the universe.

这一段话概括了中医文化中的养生之道。"法于阴阳，和于术数"即道家的天道观，"养生法道，道法自然"。对于中医文化负载词"术数"，译者没有直接音译或解释，而是以西方较为熟悉的"导引术"与"冥想"为例具体说明。举例虽然无法全面反映"术数"的文化内涵，但因其形象具体、深入浅出，便于西方读者理解抽象的中医概念，同时加入了自己的养生保健思想。又如：

原文：其次有贤人者，法则天地，象似日月，辨列星辰……亦可使益寿而有极时。

译文：A fourth type were natural people who followed

the Tao and were called naturalists. They lived in accordance with the rhythmic patterns of the seasons: heaven and earth, moon, sun, and stars.

本例中，译者删减了原文中描写性内容。原文详尽描写了"贤人"的养生之道，即"能根据天地的变化规律、日月升降现象，辨明星辰排列的位置，顺从阴阳的消长，适应四时的变化"，译文用"lived in accordance with the rhythmic patterns of the seasons"进行了概括总结，合并了内容相似的细节，不仅便于西方人理解，而且讲清楚这段话所表达的养生之道。

从以上两个译例可以看出，倪毛信译本注重译本的实用性和临床使用价值，根据原文的含义适当扩充了自己的养生智慧思想，而且语言通晓流畅，语义清晰，读者可以从译文中获取直接的养生、治病的方法。该译本的操作性和指导性较强，迎合了普通读者的心理，实现了自己的翻译动机。

1.2.3 文树德：客观呈现中医本真原貌

文树德在译本的前言中写了翻译目的及主体动机的声明，声明的大意是："此译文不以指导医学临床操作为目的，这一点与《素问》原文作者的意图不同。译文旨在传递传统中医思想及其语文表达形式以及其在历史长河中的变化。译者期望译文可以起到的作用包括：（1）促进中欧医学发源文化的对比研究；（2）展现汉朝中医的真貌，以反观后来中医因西方医学而受到扭曲的历史。"这说明文树德的译本目的是提供研究资料，尽力扭转外国学者对中医的偏见，并消除西方对于中医学及中医文化的各种误解。

因此翻译时，译者追求的应该是从多层次、全面、客观再现《素问》原文的相关信息。这是众译本中较为典型的一部面向专业研究的译本。译者力求提供全面、客观的中医文化知识。文树德译本分为上下两册，共1541页，精装。翻译工作从1988开始，工程庞大。在此译本出版之前就出版了的两本《黄帝内经》词典，它们是此译本的补充。文树德译本的内容不仅包含医学，还涉及中国传统文化、文言文语言学、考古学、宗教学、历史学、宇宙学等多领域资料。可以说，此译本是力求传达多方面信息的"文献式"的翻译。

文树德译本一个重要特征是脚注数量庞大，据统计，译文中有多达5912条脚注，在译文中的第七十一章中就共计使用669条，书中脚注的所占篇幅远超过译文本身。脚注对大量原文字词句的由来进行了大量阐释，从历史视角还原原文的风貌，使读者有机会接触古代医家的不同观点，可自行构建心中的中医形象，并且这些脚注对于研究者来说是不可多得的参考资料。如下文：

原文：肺者，相傅之官，治节出焉。(《素问·灵兰秘典论》)

译文：The lung is the official functioning as chancellor and mentor. Order and moderation originate in it.

脚注：Wang Bing："Its position is high, but it is not the lord；…"Another name for 相傅 during the Han era was 相国, abbreviated as 相, 'Grand Councilor.'"

《素问·灵兰秘典论》以君臣关系论十二脏腑的功能所主和整体统一关系，体现了儒家的君臣等级观念[92]，要厘清中医中的脏腑隐喻关系，首先要理解中国的传统君臣关系，因为在中医中有大量的隐喻词来表达脏腑，例如心比喻为君主，肝比喻为将军，肺为相傅，等等。这对于不了解中国文化的海外读者来讲难以理解，因为这一思维模式和西方逻辑思维模式存在很大的差异，为此文树德采取了脚注的形式对"相傅"这一官职做了系统的梳理。脚注提供有关中医时代背景、意识形态、文化源流等有助于理解中医的资料。在文树德的脚注中，用较长的篇幅进一步阐释了相傅官职的由来和职能，例如引用王冰的注释："它的地位虽高，却不是主；因此它是作为部长和导师的官职。它负责营地的通行警卫(气)，因此秩序和中庸源于此。"他又进一步探索了相傅官职的由来，解释道："相傅官职在秦朝时期就设立，汉时期的总理丞相位置就相当于太傅的位置。相傅是古代官方头衔，相代表宰相、大委员，傅代表太傅、大导师，少傅代表青年导师。这些位置在统治者之下，在所有其他位置之上，等等。"通过脚注的阐释将译文寥寥数语无法传递的文化和知识背景呈现出来，这种铺垫性的阐释仿佛为平面的译文构建了一个多面的立体形象。

总的来说，文树德译本的目的是给读者提供信息，提供给中医研究者一份尽可能详实的资料。译本的大量注释也是为了保证译文传达相关资料、信息而存在。此译本是西方学术界普遍承认的对《素问》解读较为权威的版本，是为学术研究提供研究资料的严肃译本。

1.2.4 小结

任何翻译活动都离不开翻译动机。翻译的主体动机会影响到翻译实践及翻译方法。威斯的译本主要是以引介中医传统文化为目的，因此她在译本中介绍中医独特的医理现象时联系到中国传统文化这一母体文化，认为中国传统文化思想影响了中医的产生和发展，对于进一步理解中医文化起到了深化作用。该译本虽然有一定的语义错误，但作为首个《黄帝内经》译本，对中医西传作出了不可磨灭的贡献。倪毛信作为临床医生，他的主体动机很明确，即向西方传达有用的临床知识和中医养生智慧，因此在译本中有大量的编译内容，融入了自己的养生思想，不仅没有破坏原文的语义内容，并且使译文语义清晰，语言自然流畅。文树德作为严谨的医史学家，他的主要动机在于客观呈现中医的本真原貌，语言语义极其考究，为此使用了大量的脚注，以此证明译本的专业性和学术性。

译者的目的有审美、应用、研究之分，翻译目的不同，表达方式也会有较大差异。从以上三个译本来看，同样是《黄帝内经》译本，三位译者的翻译动机不同，导致在处理译文时有很大的差异。威斯采用了部分引介的方式进行翻译，倪毛信采用了全文编译的方法，文树德采用了医史文献考证的方法进行全文翻译，因此不同的翻译动机对于翻译方法和策略的选择具有一定的倾向性。

1.3　译者社会语境对比分析

现代阐释学认为，译者对原文文本的解读与阐释必然会受到时代的制约，原作品的背景必然是处于某一时代背景之下，因此译作也会随之打上时代的烙印。社会语境与译者主体性既是两个独立的概念，又是两个彼此相连、不可分割的整体。这是因为任何译者都是处在一定的社会、文化氛围之中的，只有当他的翻译对所处时代文化语境和意识形态持认同的姿态、顺应时代潮流、与时俱进时，其劳动成果才能得到他所处社会，尤其是官方的认可，才能置面于广大读者，译者主体性才能充分彰显[93]。下面以三个英译本的社会语境对比分析来阐释时代背景对译者主体性的制约。

1.3.1 威斯：新中国成立，中医医疗体系复兴

在中华人民共和国成立初期，我国的医疗卫生事业面临着极其严峻的局面，广大人民群众的健康状况十分堪忧。当时国家的卫生机构数量非常地少，而且分布非常不合理，医疗设施较为落后，在许多乡镇，还是以中医为主，西医相对较少，并且中西医长期处于对立的局面。面对严峻的医疗卫生条件，毛泽东主席明确提出了团结中西医的要求，为以后中医的发展奠定了良好基础。

威斯的第一版英译本出版于1949年，在其译本中有这样三段话，大致意思为："难以预见的是直到1949年，这种基于古代东方哲学概念的古老治疗方法仍继续蓬勃生存，并一定程度上抵制了现代医学的影响。中医不仅生存了下来，而且在中国经历了一次伟大复兴。除此之外，它们的应用扩展到了新的领域，它们通过法国进入欧洲，并迅速传播到欧洲各地，最近它们又在美国收获了众多信徒。"

"传统医学在当今中国的蓬勃复兴有两个主要原

因。一是中华人民共和国保护其民族遗产的总体规划。另一个是对当前医疗状况的现实评估的结果。中国共产党政权执政后，很明显，全中国 7 万名受过西方训练的医生不可能为当时的 6.5 亿人口提供足够的医疗服务。为了克服这一缺陷，卫生部决定在公共卫生管理框架内利用全国 50 万名传统医学医生。"①

"随着中国构建的这一医疗体系的复兴，以及其在西方和俄罗斯不断发展的势头，本书的主题——历史悠久的健康与治疗对话——在当今的思考中具有现实意义。"

从以上这三段话中可以看出，1949 年正值新中国成立之时，研究医史文献的威斯正是了解到中国的基本国情，看到了中医医疗体系的复兴，受到了社会意识形态的推动，然后在自己导师的指导下着手翻译了《黄帝内经》，首次向西方译介了这本古老而又神秘的中医经典，社会语境对翻译的主体性起到了推动作用。

1.3.2　倪毛信：尼克松访华，针灸疗法进入美国

随着 1971 年针刺麻醉的成功，以及随后尼克松总统的访华，中医针灸疗法开始全面进入美国。中医药学

---

① Veith, Ilza. Huang Ti Nei Ching Su Wen: The Yellow Emperor's Classic of Internal Medicine. Los Angeles: University of California Press, 2002.

也以前所未有的速度传播海外，西方读者对中医药的兴趣与日俱增。倪毛信在译本的前言中这样写道："随着二十世纪末的临近，人类可以庆祝在许多领域取得的成就，其中最显著的是科学、技术和医学。过去两个世纪的技术突破推动了科学的顶峰，提高了生活水平，提高了生产力，拯救了生命。最重要的是，知识交流的增加使科学技术的广泛应用成为可能。矛盾的是，同样的成就也造成了大规模的物种灭绝、地球的毁灭和人们生活质量的逐渐下降。近年来，越来越多不再抱有幻想的西方公民把目光投向了东方，寻求一种'有机'的方法来解决技术先进的'现代世界'的巨大失衡。"

从这段话中我们可以看到，虽然时代的发展带来了科学技术的进步，但人类还面临着许多的医疗问题，并不是所有问题都能用先进技术来解决的，因此中医的许多治疗优势就凸显出来。在这一社会历史语境下，倪毛信顺应社会和时代主题，以对中医感兴趣的外行人及初学中医专业的学生为译本的目标读者，以体现《黄帝内经》蕴含的中医学理论与文化为翻译目的，"把实用当作第一宗旨"，注重译文的临床使用价值，通过"格外亲近目标读者"，力图提高读者的接受度。正如他在译本前言中所说，他希望世人能受益于《黄帝内经》中的理念和智慧，获得健康，达到快乐、和谐的人生境界[94]。

倪毛信采用的翻译方法与策略也受到当时社会文化语境的影响。从 1970 年以来，在文化翻译领域出现了"文化转向"，在翻译中运用归化策略还是异化策略成为弱势文化和强势文化的争锋之地。随着"英译中医学著作在英美国家医学文化多元系统中逐步向中心位置移动"[95-96]，中医典籍译者开始应用异化译法，力图体现中医医学与文化内涵。倪毛信为了提升行文流畅度与叙事可读性，融入自己对原文的理解进行编译，但在表达独特的中医概念时，基本上不套用现成的西医学术语，而是采用音译加解释的方法。

倪毛信译文的成功诚然与他热爱中医学以及优秀的双语能力、医学背景密不可分，但是当时的社会历史文化语境是他发挥主观能动性的重要制约因素。在顺应特定的社会历史文化语境的前提下，倪毛信迎合西方读者的阅读习惯和兴趣，采取一系列叙事建构策略，积极构建与读者良好的互动与交流，增强译本的实用性，提升了中医典籍的海外吸引力。

1.3.3　文树德：社会政治模式影响中医发展

在 2016 年《环球人物》的访谈中，文树德谈到自 1972 年中美关系解冻，一夜之间涌现了不少中医书籍，但这些书籍给中医带来的误解直到今天还没有消除，这些作者并不知道中医的起源和根基在哪里。他发现，某畅销数十万册由西方人撰写的"中医书",其作者竟然不懂中文也从未看过中医书,想当然地杜撰出西式"中医学",其中的内容与术语与中医风马牛不相及。文树德试图以21世纪人类生物学的新视角重新审视中国和欧洲古代保健的概念和做法,基于现代生物医学的理念,以英语为基础,将历史文献与文化氛围紧密结合,重写古代医学文献。这种重新语境化的尝试可以帮助人们用古老的知识验证当前观点的真实性,了解过往学者的观点、理论和事实,从而清楚地理解甚至解决目前对古老学说所产生的分歧。因为在他看来,现代西方医学的发展已经不再适合西方的社会结构。

文树德在其著作《什么是医学:东西方的治疗之道》中全面比较中西医学两千年的发展,从公元前几世纪医学的起源,一直到近代分子生物医学的兴起,再到西方对传统中国医学的接受,都有详细的介绍。文树德颠覆性地阐释了医学理论变迁的基本动力,并将中西医学的历史置于社会和经济的变迁之中,并论及其他情景因素。这种解释模式,可以称为"社会—政治模式",将思想层面的发展归结于社会和政治方面的发展。对"中国医学"的出现,文树德诉之于一股强大的外部动力,即秦始皇对中国的统一,这对医学的出现具有关键性的促进作用,并且他试图以其"社会—政治"模式来解释中西医学在古代的发展。这种"社会—政治模式"虽然存在很多问题，具有很大的局限性，但它仍然提供了另一种思考途径，可能对科学史和医学史有独特的价值[97]。从以上的论著的讨论中可以看出，文树德注重用社会语境这一思路去看待中医的产生与发展问题，因此他在翻译《黄帝内经》时也特别注重探究其产生时所处的社会与文化背景，以及相关的语源与语境。

文树德在该书前言中指出："本书兼顾了中国和日本众多学者和临床医家的观点，以便读者在我们的解读与其他学者和医家的解读之间自行选择。"对于这样做的目的或用途，他认为："首先，它便于我们将中国古代医学与欧洲古代类似的医学传统进行对比，以便更好地了解'什么是医学'……其次，只有通过此种翻译方式，我们才能够追溯中国医学，尤其是当代中国及国外'中国传统医学'（Traditional Chinese Medicine）的发展轨迹。"

在内容呈现上文树德译本更是丰富多彩。从形式上，该译文严格按照原经文的章节顺序、古汉语的语序和表达方式来进行翻译，在脚注中的阐释层次分明，如某一概念来自不同医学流派的不同解读，这些解读在历史进程中分别有哪些变化、涵盖了哪些领域。如"神明"一词在经文中高频出现，文树德从不同角度对其进行解读，例如从思想史上体现出了中医"天人合一"的医学理念，从社会学角度表现出汉朝的集中皇权等社会学特点，从宗教史方面表现出当时的宗教发展水平，等等。总之，文树德译本特别注重社会语境的考察。

1.3.4　小结

综上所述，三个英译本都是在特定的社会语境下诞生的，威斯看到了中国的实际医疗情况、中医在中国的复兴及中医的巨大发展前景，因此对中医经典《黄帝内经》进行了部分引介，让西方人了解古老而又神秘的东方医学。20 世纪 90 年代，随着技术的进步和发展，医疗水平已有很大的提升，但是对许多疑难疾病，西医仍旧束手无策。作为临床医生的倪毛信看到了中医的治疗优势，认为有必要让西方人学习中医的养生智慧，因此编译了《黄帝内经素问》全译本。德国医史学家文树德十分注重对社会语境的考察，在他看来，近 20 年来西方对中医等传统医学的认识逐渐改变，其决定因素并非传统医学的疗效，而是发生变更后的外部因素 (如环境污染、化学药品毒害) 引起人们内心恐惧，乃至 "冷战" 被缓和取代等社会原因带来的思想转变，促使西方人希望回归绿色的、天然的、非对抗性的医疗。除此之外，他还认为西方对中医的理解是肤浅的，并不了解其文化的根源及其演变历史，因此在前人的基础上耗费 20 多年的时间译出了三部鸿篇巨著，其中包括《黄帝内经》全译本。

　　从某种意义上讲，任何翻译都受到时代文化语境的影响，打上了时代文化语境的烙印，是在时代文化语境的观照下产生的。社会总是处于不断发展变化的进程之中，而文化的变化也在发展演进中得到扬弃，从而其内涵不断丰富。因此，不同时期的社会所形成的特定文化语境是各不相同的。"人不可能从历史传统文化中独立出来，而译者的认知水平很难超越历史的局限。"具体的文化背景和文化因素使译者对文本的解读打上时代的烙印，尽管往往是不自觉地服从。

2 媒介(文本符号)为主体的 译介对比分析

关于符号与文化的关系,李幼蒸曾评论道:"各种符号形式的生成,构成了人类精神成长的历史[98]。"这是因为,作为一种基本的人类现象,符号现象与社会历史和文化的发展变化直接相关,呈现了人类活动所产生的与世界融为一体的统一图像,体现了文化的本质——一种由象征符号构成的共享系统。也可以说,人类创造符号以及与符号互动的能力和范围,呈现了人类社会和文化的本质特征。

在这个章节中,我们集中从语言符号这一角度切入,根据功能语言学理论,探讨三个英译本中的语义概念传达、语篇功能衔接及副文本对比分析等,从历时的角度考察语义、语篇、副文本的流变结构,及其反映的本质差异,从而窥探中医药跨文化传播在翻译活动中的内涵式变化与发展。

2.1 语义概念对比分析

功能语言学认为语言的最基本功能是传达信息，即表意功能。三个英译本中语义概念的传达有哪些相似与不同之处？随着时间的改变，语义呈现又有哪些变化？这些变化反映了哪些问题？

中医医学概念与中医文化负载词是西方读者理解中医典籍的难点，其内容广泛、分类复杂。中医的发展历史悠久，其语言包含大量的中医术语。中医术语堪称中医的精髓和基础，其中蕴含着丰富的文化信息。由于中医和现代医学在文化、语言等方面有很大的差异性，对中医术语的处理最能体现译者对中医药的认知水平，因此本书拟从中医术语的翻译入手，分析其语义概念的传达及其流变形式。

2.1.1 威斯：语义笼统转释

表 1 威斯《黄帝内经》英译本中医术语翻译实例

原文	英译
1. 道	Tao［the way of self-cultivation］
2. 阴阳	the Yin and the Yang［the two principles in nature］
3. 术数	the arts of divination

续表1

原文	英译
4. 贼风	injurious winds
5. 精气	vital forces
6. 真气	true essence
7. 肾气	emanations of the kidneys
8. 天癸	to menstruate
9. 任脉	be able to become pregnant
10. 三阳脉	the pulse of the three〔regions of〕Yang
11. 藏象	the outer appearances of the viscera
12. 格阳	regulators of Yang
13. 宗气	the force of life
14. 煎厥	sickness
15. 薄厥	dizziness

从威斯的译本中，笔者手动搜索了15个中医术语翻译译例，从这15个术语翻译中可以看出：威斯为了便于西方人理解与接纳，采取了归化意译的策略，并兼用音译的方法，翻译中存在语义模糊和误译的现象，例如"和于数术"中的"数术"，本指古人用以推理自然界各种变化与人类社会之间各种内在关系的方法，是我国古代的一种神秘文化。在中医领域中它指古人调摄精神、强身健体的一种养生方法，而威斯翻译成了"占卜

的技艺"。中医中的"气"由于在西医里面没有对应的词语，威斯采取了意译的方式，将"精气""真气""肾气""宗气"分别翻译为 vital forces、true essence、emanations of the kidneys、the force of life，虽然达到了表意功能，但语义成分大打折扣。在翻译"天癸""任脉""三阳脉""藏象"时采取了意译的方法，尤其是"天癸"和"任脉"的翻译，将二者的功能表达了出来。"格阳"是指阴阳相互格拒的一种病理状态，regulators of Yang 属于误译，"煎厥"和"薄厥"两种病理现象采用了西医的对应术语，在翻译"薄厥"时表达了其语义概念，但"煎厥"的翻译大而笼统，没有达到表意的功能。

　　以上语义分析中可以看出，威斯《黄帝内经》英译本中对中医术语的翻译在语义表达方面似乎有所欠缺。由于客观环境所限，她对原文内容理解不太深入和透彻，不追求对中医医理的准确翻译，导致了一些误译现象，采取的策略为异化翻译。该译本虽然在传达中医语义内涵有所欠缺，但它以介为主，贴近读者，用词灵活，可读性强。从传播学的角度看，考虑到当时海外读者对中医术语的接受能力还比较低，为了尽可能提高西方读者的接受度，她采取的此种翻译思路却是更为可行的权宜之计。传播学理论认为，人们更加倾向于接受与自身文化接近的外界事物，如果文本中充满着大量陌生且对他们来说毫无意义的外来名词，势必会大大消减他们的阅读兴趣。采用归化的译法可提高译文读者与译作的"视域融合"度,减少陌生感,争取到更广泛的读者群。

2.1.2 倪毛信:语义进一步阐发

表 2 倪毛信《黄帝内经》英译本中医术语翻译实例

原文	英译
1. 道	the Tao, the Way of Life
2. 阴阳	Yin and Yang
3. 术数	practices such as Dao-in, an exercise combining stretching, massaging, and breathing to promote energy flow, and meditation to help maintain and harmonize themselves with the universe
4. 贼风	zeifeng, disease-causing factors
5. 精气	jing — the body's essence that is stored in the kidneys
6. 真气	qi
7. 肾气	Kidney energy
8. 天癸	tian kui, or fertility essence
9. 任脉	ren/conception channel
10. 三阳脉	all three yang channels — taiyang, shaoyang, and yangming

续表2

原文	英译
11. 藏象	the functional aspects of the zang organs
12. 格阳	has escaped to the outside
13. 宗气	the root qi
14. 煎厥	the jianjue syndrome, syncope caused by the consumption of yin fluids, with symptoms of blurred vision, deafness, and ear congestion
15. 薄厥	bojue, syncope due to a battle between qi and blood

从以上15个翻译术语中可以看出，倪毛信译本主要采取了音译和增译的方法，围绕核心词汇进行拓展，目的是将中医术语的医理阐释清楚。如在翻译"道""术数""贼风""精气""天癸""煎厥""薄厥"时，先是音译术语，然后进行医理的阐释。在翻译"术数"时，加入了西方人所熟悉的导引、按摩和冥想等保健养生活动。在翻译"煎厥"时，音译后做了进一步阐释，解释为因饮阴液引起的晕厥，表现为视力模糊、耳聋、耳塞等现象。"贼风"先是音译，后解释为引起疾病的因素；"天癸"解释为生育的精华；等等。通过进一步的阐释，使读者明白术语所蕴含的医理现象，大大降低了阅读难度，语义表达充分明确。

从以上语义分析来看，倪毛信在翻译中医术语时注重对词语的阐释，根据自己的理解将术语的内涵表达出来。相比威斯译本，倪毛信译本在语义表达上即传达语义功能有了进步，从威本中的语义笼统走向了语义清晰，有效降低了术语的理解难度。在上一章节译者的主体性分析过，倪毛信的医学观点受道家影响颇深，在美国行医的内容主要是针灸按摩、养生保健、女性抗衰老等方面，因此他在《黄帝内经》英译本中添加了许多与这些方面相关的内容，但在术语阐释方面有时过于主观，存在着诸多不规范之处，如有些音译小写、有些音译大写，表现出了主观随意性。但总体来说，音译加医理阐释的方法有利于降低读者的理解难度，从语义功能的表达来看，迈出了很大一步。

2.1.3 文树德：语言考究翻译

表3 文树德《素问》英译本中医术语翻译实例

原文	英译
1. 道	the way
2. 阴阳	yin and yang
3. 术数	the arts and the calculation
4. 贼风	the robber wind
5. 精气	essence
6. 真气	true [qi]

续表3

原文	英译
7. 肾气	the qi of the kidneys
8. 天癸	the heaven gui
9. 任脉	the controlling vessel
10. 三阳脉	the three yang vessels
11. 藏象	the phenomena [associated with the condition] of the depots
12. 格阳	obstructed yang
13. 宗气	the basic qi in the vessels
14. 煎厥	boiling recession
15. 薄厥	a beating recession

　　文树德翻译中医文本的主导思想是尽量保留译文中的文化元素，对原文的处理应尽量保留这些能够体现当时社会状况的元素，将原作的真实内容呈现给读者。他认为翻译就是要借助目标语言，以尽可能接近原始格式和含义的方式"复制"原文本，而不做任何增删和跨越时代的解读。中医文化的翻译应该严格遵循语言学原则，不应使用现代词汇和西医词汇来翻译距今两千多年的医学文本。比如，翻译中应尽量避免使用"energy"之类的现代术语，也应避免使用像"pathogens"之类广为熟知的现代西方医学术语，以保证中医概念的纯正性

和地道性。整体而言，文树德以尽可能直接和简化的方式进行翻译，避免使用由希腊语和拉丁语衍生出来的医学术语。例如，在收集术语中他将"贼风"译成"robber wind"，"真气"译为"true［qi］"，"天癸"译为"the heaven gui，"煎厥"译为"boiling recession"，等等。尽管此种译法与较为流行的"音译+阐释"的译法有些格格不入，很难推广，但至少体现了他力图还原原文本义的翻译思想，在处理某些字词的翻译方面颇具启发意义。

从以上的语义分析中可以看出，文树德采用了异化的策略，即直译的方法，将改词的核心意思使用西方读者较为熟知的词汇译出，且在脚注中会做一些必要的考证说明，如此整齐划一地使用直译法翻译中医病症词具有一定的局限性，比如有些译词存在异化过度的情况，不利于读者快速准确地把握词义。他在处理某些意义明确的中医词汇的翻译时未免有些矫枉过正，让人感觉他是将"保留文化元素"等同于"机械直译"。但文树德推崇保留原文中的文化元素，为读者呈现最为接近原文风貌的译文，这一翻译思想对我们是极具启发意义。

2.1.4 小结

综上所述，威斯翻译中医术语时语义功能传达度较低，医理阐释准确度不高，使读者对中医术语产生一种朦胧之感，该译本中误译现象随处可见。然而，该译本中仍充分体现着译者对译本可接受度和对读者的关照，是在中医跨文化阐释方面做出的一种大胆尝试，正是由于有了威斯的翻译，才让更多西方人接触到中医文化并对此产生兴趣。从传播学角度来看，该译本的推出对中医药文化的海外传播具有积极意义和促进作用。王尔亮、陈晓在其论文中提到："在当时的社会背景下，威斯的这部译作得以出版，对中医典籍的对外交流来说，已经是迈开了一大步，这一贡献值得当今学者尊重[99]。"该译本自 1949 年初版之后曾多次再版，其在西方读者群中取得的成功恰恰说明：传播效果往往并不与译文的准确度成正比关系。

　　倪毛信在翻译中医术语时，善于利用"音译+阐释"的方法，结合自身的临床实践和日常教学需要，凭借自己的中医知识深入挖掘术语内涵，将自己的理解形成文字加以重新表述。倪毛信译本使术语在语义传达度上有了进步，使西方读者明白了术语所要表达的含义，语义明晰，语言流畅，逻辑性强，能有效降低读者的理解难度。该译本的术语翻译带有很大的随意性，往往在阐释时加入译者的主观理解，术语在译文中的表达不是很统一，但从传播学的角度来讲，在译文中不添加脚注和尾注，不干扰读者的思路和注意力，会大大降低了阅读难度，通俗性的表达让读者更易理解，更能拉近与读者的距离。

文树德在翻译中医术语时采用了异化的策略，用直译的方法来保留译文中的文化元素，它的最大价值在于能够体现中医的本真原貌，帮助读者了解文本创作时的文化语境，将原作的内容真实地呈现给读者，也有中国学者提倡这种译法。例如，中国学者兰凤利认为，"为了适应中医医学与文化交流的客观要求，中医英译中尽量运用'异化'的译法，将医学文化空缺术语译成'中国式英语'[100]"。尽管从传播学的角度来讲，这种中式英语的翻译有些机械，不利于普及到普通读者，但这一翻译思想对深化认识两千年前的中医文化起到了推动作用。

在中医经典著作的翻译中，比较不同译者在不同时期和不同文化背景下对译文中文化负载词的翻译有极为重要的学术意义和现实意义。三个译本的中医术语在语义传达方面经历了从语义笼统式转释到进一步的语义阐发，再到语言考究翻译，使西方读者对中医经历了"认识-理解-自我考证"的转变，从"客位"的文化描述转向"主位"的文化体验。

翻译策略经历了从归化到异化的变化。从归化到异化的翻译策略变化表明，在中医典籍翻译中的权利关系有所转变。后殖民主义翻译理论认为，翻译是在权利差异语境下的不平等产物，从而探究翻译创造权利重构的线索和可能。中医典籍中的异化策略到归化策略的改变表明，中医文化这一弱势文化摆脱西方强势文化的束缚，改变本土文化的边缘地位，重塑中医本土文化，平等地参与东西方文化交流与对话。不同价值观的中医典籍译者在自觉和不自觉间所采用的翻译策略，让我们看到了中医文化正以平等的地位参与东西方文化交流中，文化认同程度进一步加深。

综上所述，在中医典籍翻译实践中，我们也要秉持民族中心主义的文化原则，慢慢从弱势边缘地位向话语中心位置靠近，在今后的典籍翻译中，要有效吸收前者译本的优点，凸显两种文化的语言优势，优化和超越原来文化，从而实现文化多样性的有效整合。本节通过《黄帝内经》中医术语文化负载词纵向历时性的传播探究，窥一管可见全豹。《黄帝内经》文化负载词的翻译历程寓于整个中医文化的翻译传播史之中，透过前者有望窥探后者的全貌。

2.2 语篇功能对比分析

系统功能语言学认为语篇功能机制能把口头或者书面语通过主位结构和衔接手段构成一个有逻辑关系的语篇[101]。在语篇视域下，翻译是译者对原文固有语篇关系的重构[102]。而语法和词汇衔接是语篇重要的构建手段之一，它的识别与重构是对译者理解和表达能力的挑战，也是衡量译文质量的指标。越来越多的研究者聚焦于探讨语篇衔接与翻译的关系，分析衔接差异对翻译的意义[103]。已有的研究多集中于字词句层面含义对比[104]，而语篇层面的衔接研究尚需进一步探索[105]。本书以《黄帝内经》三个英译本为例，分析汉、英语篇的语法和词汇衔接机制，通过实例探讨中医典籍的英译策略和方法的历时演变。

衔接和连贯的概念由英国语言学家 M. A. K. Halliday 和 R. Hasan 在合著的 *Cohesion in English* 一书中提出[106]。他们认为衔接是产生语篇的必要条件，没有衔接则一定不会产生语篇。句子的衔接手段分成五类，即照应、替代、省略、连接词语和词汇衔接等。照应又可称为指称，它们不是靠自身的词义来表达意义，而是靠参照其他东西来得到解释。在英语中，这些项目包括人称代词、指示代词和指示形容词、比较形容词及副词。替代是介于语言项目之间的关系，比如词与词之间的关系或短语与短语之间的关系，是词汇语法层次或语言"形式"上的关系。省略是指"没有说出来的某些事"，"未说出"暗示的是"虽未说出但是能被人理解"。连接可以分为四类词语，它们分别是表示增补关系、转折关系、因果关系和时间关系的词语。词汇衔接是指词语之间的关系，它们分别是重复、反义、上下义、同义、同现、互补等。

中医典籍通常以医古文的形式呈现，其语言体系和逻辑形式深深带有古汉语语篇特色，与英语形成鲜明对比。在英译中，译者需要明确具体衔接手段的同时，更要借助情境和文化语境，结合中医学基础知识，对译入语的句子结构和语言形式适当调整，准确推理句子之间的前后照应、替代和逻辑关系，保证英译文具有整体的连贯性和可读性。

本书主要集中于《黄帝内经》前三个章节中的治未病理论思想的语料，因此本书选取《黄帝内经》的第二篇《四气调神大论》中的"夫四时阴阳"段落为语料，该段语言精练，逻辑缜密，语义上下贯通，原文见附录。

语篇中各语法和词汇衔接前后呼应，服务主题，告诫人们要顺应四时气候变化，保持机体内阴阳的相对平衡，达到身体健康防病的目的[107]。其中，语法衔接分别使用了替代和连接，替代词语有"其""之"等，连接词语有"夫""所以""故"等。词汇衔接中运用的反义词较为突出，如"沉—浮""从—逆""生—死"等主要衔接贯穿整个语篇，通过人体自身不同的行为方式对生命健康的影响，凸显了顺应四时阴阳规律的重要性。重复衔接也使用频繁，但重复词语比较分散，包括"阴阳""四时""万物""从"等。这一手段为语篇提供了稳定的语境，确保了主题的清晰呈现。

同义/近义(根本—根—本;从—行—顺)、上下义(四时—春夏—秋冬;阴阳—阴—阳)和搭配(始终—生死;灾害—苛病)衔接使用平分秋色,确保语篇连贯的同时也体现了语言的多样性。上述语法衔接和词汇衔接使语篇词汇相对集中,保证了语篇的主题和语义场取得统一。下面结合三个英译本中的译文探讨如何在译文中实现衔接与连贯。

2.2.1 威斯:注重词汇表达

威译:(见附录)

仔细阅读译文可以分析出,译文主要使用了语法衔接中的照应、替代和连接等手法,词汇衔接使用了重复、同义、反义、上下义、互补等。为使结果更加客观,笔者统计各词汇衔接手段在译本中的使用频率。对其衔接手段做了简单的统计。结果显示,照应使用的词为 they、their、themselves 等,使用频次为 7;替代使用的词为 those、who 等,使用频次为 6 次;连接使用的词为 thus、hence、and 等,使用频次为 17 次;语法衔接次数总计为 30 次。词汇衔接中重复使用的频次为 12 次,它们分别为 interaction、Yang、Yin、rule、sages、conceived、everything、creation、Yin and Yang、the two principles、four seasons、universe。同现有 5 次,分别为 Yin and Yang-the two principles in nature、rules-laws、Tao-the

Right Way、rebel-disobey、rebel-against。反义词 3 次，分别为 the beginning and the end、life and death、disobey and follow。下义词 2 次，分别为 Spring and Summer、Fall and Winter 等。因此，词汇衔接总共有 22 次。从以上的分析看出，威斯在译本中，总计利用语法衔接和词汇衔接手段有 7 种，总使用频次为 52 次，译文总词数为 164，衔接手段占译文的 31.7%。译本注重语法衔接和词汇衔接，词法结构多，词汇丰富，语言运用灵活，符合英文语言习惯，可读性强。

表 4　威本语法衔接和词汇衔接出现频次

语法衔接			词汇衔接				总计
照应	替代	连接	重复	同义	反义	下义	7 种
7	6	17	12	5	3	2	52 次

2.2.2　倪毛信：注重词汇表达

倪译：（见附录）

在上一章节，已有讨论倪毛信的译本属于编译本，对原文有一定程度的删减，因此译文字数相对减少。译文使用的语法衔接分别有连接、替代、照应等，词汇衔接分别使用的是重复、上下义、近义、同现和反义等。为使结果更加客观，笔者统计各词汇衔接手段在译本中的使用频率。对其衔接手段做了简单的统计，结果显示：连接词语分别使用的词是 and、by、if、therefore 等，共计使用 13 次；替代分别使用的词为 this、one's，共计使用 5 次；照应为 it，共计使用 1 次。词汇衔接中的重复为 9 次使用词为 yang、yin、growth、four seasons、root、life、destruction 等。下义词 2 次分别为 spring and summer、autumn and winter。同义 3 次，分别为 damaged-wane、the universal order-natural law、transformation- change。近义词 1 次，为 cultivate-conserve。反义词为 1 次，为 reproduction- destruction。共使用词汇衔接 16 次。倪本共使用衔接手段为 8 种，共计使用频次为 35 次。

表 5　倪本语法衔接和词汇衔接出现频次

语法衔接				词汇衔接				总计
照应	替代	连接	重复	同义	反义	上下义	近义	8 种
1	5	13	9	3	1	2	1	35 次

2.2.3　文树德：词汇与语法形式兼顾

文译：（见附录）

在前面的语义分析中我们可看出，文树德在翻译过程中十分注重语言学原则，以直接和简化的方式来翻译，注重中英文对应。为了使英文语义更加流畅，在文中适当增加了衔接手段。译文中所使用的语法衔接手段有连接、照应和替代。使用的连接词有 now、and、hence 等，共计使用 16 次；照应使用的词有 they、their 和 them 等，共计使用 8 次；替代使用的词有 this、one 等，共计使用 6 次；语法衔接总计 30 次。词汇衔接所使用的类型为重复、反义、上下义、搭配等手法，重复使用的词有 yang、nourish、yin、root、myriad beings、［qi］、oppose、constitute、four seasons、basis、life 和 follow，共计使用 18 次。反义词有 depth-surface、end-begin、death-life、follow-oppose，共计 4 次。搭配使用的频次为 root-basis、catastrophe-harms、attack-spoil、results in-emerge，共计 4 次。上下义词为 spring and summer 和 autumn and winter，共计 2 次。词汇衔接共计 28 次。从以上分析可以看出，文树德译本在衔接手段使用的频次上比威斯译本和倪毛信译本多。文树德译本还有一个特点即其表达形式和两个译本有很大区别，文本是按照诗歌的形式来编排的，而且词汇重复是使用最多，因此其译本注重到了原文本的艺术表现力，语言协调押韵，富有节奏感，体现了原文的结构美和韵律美，同其他两个译本相比，更加具有艺术感染力。

表 6　文本语法衔接和词汇衔接出现频次

语法衔接				词汇衔接			总计
照应	替代	连接	重复	搭配	反义	下义	7 种
8	6	16	18	4	4	2	58 次

2.2.4　小结

　　三个英译本的语法衔接和词汇衔接各有特色。整体来看，三译本的衔接手段数量均远远高出原文，本质原因还是汉、英两种语言本身的差异所致。汉语注重意合，通过语序、词语和句子本身的内在联系来构建语义联系；英语重形合，语篇的逻辑关系和语法意义依赖词语和句子之间的衔接手段，汉语语篇逻辑关系多呈现为隐性，而英语的语篇逻辑关系是显化的。因此，在汉译英过程中，往往采用各种词汇衔接手段，使译文内部词语之间的语义联系更加外显。从以上数据可以看到，三个译本中连接和重复的使用手法均高出其他手法，而且文树德译本中的频次最高。因此，从历时的角度来讲，语篇功能的表达力加强，尤其是在文树德译本中的重复手法比较高，因此文树德译本的艺术表现力也是最高的，它注意到原文的韵律感，形式表达最接近原文。但是，重复多次使用会略显呆板，在这方面威斯译本和倪毛信译本的语言表达的多样性高于文树德译本，它们避免了译文单调呆板，又增强了语篇的连贯性。

总体来讲，三个英译本经历了从注重词汇表达到注重语篇表达的转变，从只注重语义传达到语义和形式兼重，中医是一件艺术品，原文用词工整，音韵和谐，而威斯译本和倪毛信译本中并没有表现其艺术形式，而在文树德译本中，注重韵律感和形式，艺术表现力大大加强，使读者能够感受原文的韵律，体验其艺术表现力，对中医文化的认同度进一步加深。

2.3　副文本对比分析

20 世纪 70 年代，法国叙事学理论家杰拉德·热奈特（Gérard Genette）提出了"副文本"概念，20 世纪 90 年代在其专著 *Paratexts: Thresholds of Interpretation* 中，提出了"paratext = peritext + epitext"的公式，论述了各类文本之间的相互关系。根据副文本的空间位置，将其划分为内副文本和外副文本两大类[108]。这些内容涉及翻译的选题与原文介绍、翻译的目的和方法、译者的翻译思考，以及翻译的特点与难点、特殊符号的使用等。

这些副文本描述或阐释着某一方面的信息内容，为读者和翻译研究者提供了译者的译作背景、译者观点、译者对作者的看法、译作与原作的关系等，成为读者深入阅读译作、研究者考察译者及其翻译思想的直接资料来源。副文本体现了译者的主体性,是译者有意识地将译文文本置于一个更为丰富的语言、文化和社会语境之下的自主性选择"[109]。目前国内基于副文本的分析大多是针对单个译本或译者,本书通过解读三个译本的副文本信息,采取描写性对比分析的方法,探讨三个英译本副文本的历时流变形式,进一步佐证其译者主体性在翻译同一文类时呈现出的差异化选择。

2.3.1 威斯:建构中医文化体系,展示学术气息

20世纪40年代,威斯读于约翰·霍普金斯大学医学研究所,在所长亨利·西格瑞斯特(Henry E. Sigerist)建议下,她开始着手翻译《黄帝内经》并作为其博士论文。威斯译本有着丰富的副文本内容,译本总计页码有292页,正式进入译文之前,译者进行了大量的引介,其中引言内容共计有94页,加上之前的19页前言、序言、目录、插图说明等,副文本共占113页,占据总页码近半。《黄帝内经》译本包含的副文本种类非常丰富。除了标题、副标题、出版商信息、作者信息、题献等这些常见形式以外,还有重要的前言、序言、引言、目录、插图、列表等副文本,更有大量的脚注和文内注。引言、注释和插图等副文本在威斯的译作中占据了相当大的分量,是威斯对中国中医文化最重要的理解和阐释,也是研究威斯译本不可或缺的内容。

在引言部分，威斯首先分析了《黄体内经》，其内容主要包括《黄帝内经》的成书年代和对原作者的考证，《黄帝内经》成书的中医哲学基础、中医中"道"的概念及其在书中的理论应用、中医中的阴阳理论及其在《黄帝内经》中的应用、五行理论和数字系统、中医中的解剖学和生理学概念、中医诊断的方法、内经中记载的疾病，她还论述了中医的特殊疗法针灸和艾灸，以及附录中三个古代《黄帝内经》版本的序言。它们分别是《四库全书》中《黄帝内经》的序言、唐代医学评注家王冰所作的序言和宋代医学评注家高保衡和林亿所作的序言。

在哲学基础这一部分，她重点指出了"道""阴阳""五行"是中医理论中的三大主要概念。在"道"这一小节中，威斯指出要理解中医这种古老的医学概念，必须追踪一个世纪以前的古老哲学——道教。接着她论述了道教的创始人老子，指出"道"的基本涵义，"道"是"天地"神秘交融的关键，"道"指的是维持现世与来世和谐的方式和方法，即通过塑造尘世的行为，使之完全符合另一世界的要求，并论述了"道"这一概念是如何从具体概念"道路"上升为抽象概念，从而形成了天道、地道、人道三者合一的不可分割的整体。接着，威斯论述了"道"在《黄帝内经》中的应用，她指出道在早期的中国医学思想中扮演着重要的角色，在《黄帝内经》的第一个章节中就读到关于遵循道的人能够永葆青春等论述，在《黄帝内经》中虽然关于道的论述很多，但很少单独讨论，大多和宇宙阴阳理论联系在一起讨论。

在"阴阳"这一章节中主要论述了"阴阳"这一概念是如何形成的，最初的概念是指山的阴面和阳面，后又慢慢演变成其他的概念。如阳代表太阳、天、日、火、热、燥、光和许多其他相关事物；阳倾向于扩张，向上流动和向外。阴代表月亮、地球、夜、水、冷、潮湿、黑暗；阴倾向于收缩并向下流动。后慢慢进行推广应用，例如丈夫与妻子的关系——丈夫是阳，妻子是阴。阳代表高，因此高贵；阴代表低，所以普通，进一步延伸到善与恶等。阴阳理论在《黄经内经》的应用这一章节中威斯引用了《黄帝内经》原文来阐释阴阳理论在中医中的应用，例如阳可以分为三阳，阴可以分为三阴等。

在此后的章节中，威斯介绍了中医中的五行理论、天干地支等。关于《黄帝内经》解剖学和生理学的概念，她重点介绍了人体的五脏六腑及其功能，指出中医中特有的隐喻思想，并借用插图阐释五脏和六腑的地位和作用。关于《黄帝内经》诊疗的介绍，她结合望、闻、问、切的传统，借助插图介绍了脉诊的方法。关于疾病的种类，她主要描述了风、寒、热等病症。关于疾病的治疗，她介绍了基于药物、五谷、水果、家畜和蔬菜的五种疗法，还介绍了按摩、针灸和艾灸的疗法等。

威斯的译本中还有一个重要的副文本特征，即在译本中插入了大量的图片，如五脏六腑图、五脏位置图、六腑位置图等，还有少量的人体全图以及人体经络图、艾灸图和针灸图，共有大小插图 24 幅。译文中所使用的脚注主要来自王冰的《黄帝内经》校注，对中医特有的术语和难以理解的取象比类思想做了进一步解释。参考文献主要由著作、论文和字典组成。表 7 是威斯译本副文本内容的数据统计。

表 7　威斯副文本统计表

绪论页码	脚注	插图	参考文献	译本总页码
113 页	333 条	24 幅	80 篇（书、论文、字典）	290 页

威斯按照自己的理解，通过副文本构建一套中医文化体系，对中国中医学进行了细致深入的研究。这样做一方面展示了其学术性的一面，另一方面方便读者认识中医文化，也使这部典籍译作的文化气息大大增强。威斯《黄帝内经》英译本中副文本形式多样、内容丰富，作为第一个传递《黄帝内经》丰厚文化的译本，它的意义重大。副文本阐释了原文中独特的文化现象，补偿了因文化缺省在翻译中失去意义，变不可译为可译、可理

解、可接受。副文本和译本相辅相成，一起建构起《黄帝内经》翻译文化，形成了《黄帝内经》英译和英译研究的范本。前言和脚注对于译本中的中医文化做了进一步的阐释，对文化缺省现象做了补偿，对不可译现象做了变通。副文本形式在翻译中医典籍过程中传递文化的意义重大。通过阐释、补偿、变通等手段在译本中有效地建构了翻译文化，从而解决了翻译过程中文化传递的种种困难。副文本对威斯《黄帝内经》英译本在西方的传播和接受过程中的作用不逊色于正文本。

2.3.2　倪毛信：精简副文本形式，说明翻译问题

倪毛信作为临床中医师，行医近 30 年，致力于中西医结合、整体治疗和保健医学。他深知自己的患者和中医爱好者们的阅读偏好，采取一种尽量降低阅读难度、为读者喜闻乐见的方式来翻译。他秉持尽量不干扰读者思路和注意力的原则，在译文文本中不添加过多的脚注和尾注，在原文本以外适当添加一些对文本的阐释以帮助读者理解。该译本分为前言、翻译说明、致谢、拼音说明、正文、参考文献、译者简介、索引 8 个部分。

在译本的前言之前有三段内容，这三段内容是对这本书的简单介绍。他在这段介绍中提出《黄帝内经》是道教最重要的经典著作之一，是中医的最高权威。它的作者是公元前 3000 年的黄帝。这个译本主要内容是

《素问》八十一章，另一部分《灵枢》不包括在这里。书中主要是黄帝和他的大臣的对话，主要探讨了病因学、生理学、诊断、治疗和疾病的预防等，还包括许多伦理学、病因学、宇宙学等知识，认为生命不是像现代科学提供的模型一样支离破碎，而是一个相互联系的整体，通过从整体的角度来揭示这一自然规律。书中提供了很多促进长寿、快乐和健康的生活建议。《黄帝内经》原文的概念比较宽泛，而且往往细节简短。将译者的阐释和解释融入翻译中，不仅有助于阐明意思，而且可以为感兴趣的读者提供一个高度可读的叙述文本。

在前言中，倪毛信对有关《黄帝内经》的背景知识做了必要的介绍。通过自身对中医和西医两种医学体系的研究，他阐明了中西医文化之间的关联性、《黄帝内经》对外部世界观察的科学性以及这种古老智慧与我们当今生活的密切相关性，以一名亲身实践者的身份向读者证明学习、研究该部经典著作的价值。在前言中，他详细阐释了道家思想在《黄帝内经》中的体现。首先，它展现了人类生活整体观思想，外部地理、气候和季节变化等因素与我们内心情感的变化密不可分，它告诉我们生活方式和外部环境是如何影响身体健康的。其次，他认为《黄帝内经》中的哲学思想对后世的发明影响巨大。该译本中除探讨医学问题外，还涉及出生、成长、繁育、死亡等人类生活的各个方面，既涵盖病原学、生理学、诊疗学、治疗学、疾病预防方面的内容，也对伦理学、心理学、天文学、气象学以及生物学进行了深入探讨。

在翻译说明这一部分，倪毛信主要说明了在翻译过程遇到的问题及困难，及来自他人的帮助，并表明了自己的翻译目的和翻译策略，阐明此译本不是学术性版本，是从一个临床医生的角度来进行翻译的，希望大家能从这个译本当中能够受益，收获健康、幸福与和谐。

标题是每一章节内容的概括。为了便于读者能够较快地了解书的主要内容与结构，定位自己感兴趣的章节，倪毛信改变原来的排版形式，并缩短原文的标题。直接以阿拉伯数字标注每个章节的标题，排版简明、一目了然。此外，应用核心名词或者核心名称加介词短语的形式简化标题，删除了没有实质内容的词语，重点突出，语言通俗简明[110]。

该译文中的脚注非常少，总计 6 条，图表总计 2 个。图表具备直观形象、准确明了的优点，它们用来阐释阴阳五行的思想，"把原本复杂的五行与五脏六腑的对应关系清晰罗列"。此外，倪毛信在书后提供了参考文献、术语的索引条目等，便于读者进一步理解、学习使用。表 8 是倪毛信副文本内容的数据统计。

表 8 倪毛信副文本统计表

绪论页码	脚注	图表	参考文献	译本总页码
18 页	6 条	2 幅	39 篇（书、论文、字典）	339 页

从表 8 的数据来看，倪毛信运用了文本外的内容简介、翻译说明、标题与图表等形式的副文本手段，尽管副文本的内容较少，但是为读者提供了丰富的文化背景、翻译目的语动机以及译者对中医的思考，符合目标读者的阅读期待。

2.3.3 文树德：深化语境研究，遍列各家观点

丰富的副文本内容是文树德译本的一大特色。1991 年，文树德申请的"《黄帝内经》英译项目"获得大众汽车基金会的资助。该资助项目下有关《黄帝内经》的著述共有三部：一是《黄帝内经·素问：古代中国医经中的自然、知识与意象》（2003 年加利福尼亚大学出版社出版，2011、2015 年再版）；二是《黄帝内经词典》（2008 年加利福尼亚大学出版社出版，2011、2015 年再版）；三是《黄帝内经·素问译注》（2011 年加利福尼亚出版社出版）。文树德《黄帝内经》三部著作的出版很好

地体现了作者文化阐释的"三部曲"。作为译者，文树德深知，《黄帝内经》中涉及的文化元素异常繁多，如不做好前期的文化阐释工作，读者根本无法读懂。而读懂文本的关键在于对孕育中医文化发展的中国文化土壤的了解。同样道理，译者作为一名特殊的读者，也要首先读懂书中所蕴含的文化，才有可能将文本内容准确地传达。

2003 年，加利福尼亚大学出版社出版了文树德的《黄帝内经·素问》译介本——《黄帝内经·素问：古代中国医经中的自然、知识与意象》。该书一经出版，便受到西方学界的关注，并于 2011 年和 2015 年再版。在该书中，文树德先用 75 页的篇幅介绍了原著的编纂历史。在该书第一章探讨了原著的起源和早期历史；第二章对题目中"黄帝""内""经"和"素问"分别进行了解读；第三章回顾了 11 世纪以前古代医家对《素问》的评述，这些医家包括皇甫谧、全元起、杨上善、王冰；第四章对《素问》公认经文的起源和传统进行了探讨，介绍了继宋代高宝衡注本之后各个注释本以及日本江户时代的两个评注本；第五章对《素问》中涉及的文化及医学问题进行了分类详述。第五章是本书最长的一个章节，共包括 12 个主题板块。总之，这个译介本为《黄帝内经》全译本起到了很好的铺垫作用。

文树德于 2008 年与赫尔曼·泰森诺（Hermann Tessenow）

合作完成并出版了《黄帝内经·素问》相关的又一部力作《黄帝内经词典》(*A Dictionary of the Huang Di nei jing su wen*)。该词典旨在消除读者对《素问》原文的阅读障碍，对《素问》中出现的 1866 个汉字进行分别统计，列出每个汉字在《素问》中出现的所有位置并分别标注各自的英文含义，既方便读者对《素问》全文的阅读，也便于他们有针对性地查询，是《黄帝内经》阅读的有力辅助工具。

2011 年，文树德主持翻译的《素问》英文全译本——《黄帝内经·素问译注》在加利福尼亚出版社出版发行，在国际上引起轰动。译本主要由三个部分组成：绪论、卷一和卷二等。绪论主要包括五部分内容，在第一部分论述《黄帝内经·素问》的意义，包括中医哲学思想缘起、历代的注家、对作者的考证等。第二部分是翻译原则，解释说明了此译本的翻译方法，不确定的术语翻译及说明，还有术语中的翻译难点如同一术语的不同含义。第三部分是素问翻译中的语篇结构，讨论说明了公认版本和前人版本的不同之处，还有翻译中的结构标记。第四部分是标题和术语的大小写和斜体说明。第五部分是此译本的脚注说明等。接下来是卷一，1~52 章的译文，卷二是 53~71 章、74~81 章的译文。译本总页码达 1553 页，参考文献有 2904 篇。其译本具体数据如表 9 所示。

表 9　文树德译本副文本统计表

绪论 页码	脚注	插图	参考文献	译本 总页码
17 页	5912 条	0 幅	2904 篇(书、 论文、字典)	1553 页

2.3.4　小结

表 10　三《内经》译本副文本对比

副文本 版本	绪论 页码	脚注	插图	参考文献	译本 总页码
威本	113 页	333 条	24 幅	80 篇(书、 论文、字典)	290 页
倪本	18 页	6 条	2 幅	39 篇(书、 论文、字典)	339 页
文本	17 页	5912 条	0 幅	2904 篇(书、 论文、字典)	1553 页

从以上统计数据可以看出，在《黄帝内经》的译本中都不同程度地加入了副文本形式，尤其是前言绪论等，为使读者更好的理解译本起到了很好的铺垫作用。

威斯译本的前言绪论主要是从一名医学史家的角度构建了一套自我理解的阐释性中医文化体系。倪毛信译本在绪论中主要说明了译本产生的社会背景、翻译目的和策略等。文树德译本就翻译过程中的原则、方法和语篇结构等问题进行解释说明。从前言绪论的内容变化也可以看出，对《黄帝内经》的语言翻译考究再进一步深入。从脚注的数量来看，威斯译本和倪毛信译本有相似之处，威斯译本总页码为 290 页，但脚注数有 333 条，文树德译本的总页码为 1553 页，脚注数达 5912 条。这也验证了同为医史学家的两人对《黄帝内经》中的内容还是极为考究的，脚注数量的增加表明在理解《黄帝内经》的内容方面进一步加深。三个译本中威斯译本和倪毛信译本有插图和图表，图像有利于中医知识的表达和传递，使中医知识具象化，从传播学的角度讲，有利于中医药知识大众化传播。在参考文献方面，文树德的参考文献数量最多，表明其译本的专业性和严谨性，其译本总页码也在进一步增多。从副文本信息呈现"厚度"而言，文树德表现出"超厚"翻译的译者惯习，其广博的中医文化知识最大限度发挥医史学家的译者主体性。虽然倪毛信译本的副文本数量有所减少，但是它从传播学的角度，给读者提供了一个无障碍的阅读文本，使得读者领悟和学习到许多中医养生智慧。从这个角度上来讲，倪毛信译本是成功的。文化交流本身就是丰富多彩的，不同的副文本会满足不同的文化交流需求。总体上来讲，随着时间的推进，三个英译本对中医文化的认同程度在不断加深。

格尔茨曾指出，只有通过对细节的观察才能形成对特定文化的认识，所谓"细小的行为之处具有一片文化土壤"[111]。通过对副文本的深度描写，在时间性和功能性上做一定程度的创新，研究这些副文本对翻译策略选择有何影响等，可以加深我们对社会文化因素和译者主体性对翻译过程影响的理解。

3 受众(读者)为主体的译介对比分析

传播受众研究对传统的翻译研究而言是一大补充，传统的中医典籍翻译研究对受众的研究十分不足。从1967年康兹坦大学的姚斯教授率先提出接受理论起，翻译研究的范式开始从以文本或作者为研究对象转向文本接受为研究对象。接受理论这一新型方法论重在研究作者、文本和读者之间的动态关系，强调读者对完善作品意义及其美学价值的创造性影响[112]。只有能进入读者的期待视野，被读者接受的作品才有生命力及存在的价值，译文读者的认同是最重要的。忽略译文读者的特点、期待和需求等，将难以产生令他们满意的译文，得不到译文读者接受的译文可以说是失败的翻译，不会达到传播主体设定的预期目标。

翻译的传播受众研究主要是探究目标受众的类型、特点及其他们的心理、性格等影响其接受译文的诸多因素及译文读者的反馈。传播学认为，目标受众不是毫无能动性地接受传播主体传递的信息，他们常常是根据自己的兴趣或需求等主动寻求特定的信息，具有选择性的特点。传统中医典籍翻译研究对翻译产生的效果研究也非常薄弱，少量的一些效果研究也往往属于思辨性质，其中不乏主观臆测，实证研究较为薄弱。翻译的本质是传播，是一种特殊的传播活动。翻译学能够从传播学中汲取营养并推动自身发展。传播主体需要了解传播受众喜爱阅读什么样的内容、传播受众想从传播的信息中了解什么、传播受众更偏好什么样的呈现方式等。

因此在本节中，笔者根据传播学理论，拟从受众类型统计、实证调查和反馈信息分析三个方面对中医典籍受众展开研究，以期了解《黄帝内经》英译本在对外传播中的现状、存在的问题和发展方向，以期更好地促进中医药典籍的海外传播。

3.1 受众(读者)类型统计分析

在进行实证调查前，首先对三个英译本在海外的接受状况做一个整体的了解与概括。根据已有的文献，本书整理出三个英译本图书馆藏量、专业期刊、同行专家的推介和美国亚马逊网站的网上书评数据库的评价和数据，以了解三个《黄帝内经》英译本目前在海外的接受和传播现状。

3.1.1　译本馆藏量统计

　　学者殷丽在其调查中发现，文树德的《黄帝内经》译本的全球图书馆馆藏量位居第一，总馆藏量为1726本，其中电子书馆藏量为1095本，在全球图书馆馆藏量位居第一；威斯译本的图书馆馆藏量为1044本，位居第二；倪毛信译本的图书馆馆藏量为207本，位居第三。李照国的译本馆藏量为28本，吴连胜和吴奇的译本为27本，罗希文的译本为9本。以上英译本的图书馆藏量表明，在海外市场中，在众多的译本中这三个英译本较为受欢迎。下面从专业期刊、同行专家的推介和美国亚马逊网站的网上书评数据来展开分析。

3.1.2　专业期刊、同行专家的推介

　　从专业读者视角看，美国的《科学》《内科学文献》《美国医学协会》《加州医学杂志》等权威期刊对威斯译本进行了推介。美国《科学》杂志评价道："在庞大的中国传统医学文献语料库中，对相当一部分最重要的理论文本进行可读的英译。"美国《内科学文献》杂志评价该译本："威斯女士创作了一部引人入胜，学术浓郁的作品。前几章详尽、扎实的文献，很有见地，使阅读此书受益匪浅。"《美国医学协会》评价："威斯博士的译文通

顺，引言部分富有启发性，无数精心复制的插图生动形象，提供了一种仅靠语言无法达到的感染力，新版的确很受欢迎。"《加州医学杂志》评价该译本"是一部对医生和广大中国问题爱好者们都具有重要意义的著作，让读者洞悉中国文化的本质"。

除了专业期刊的推介外，同时也获得更多异域同行专家的评荐。美国著名医史学家 Erwin H. Ackerknecht 在《生物季刊评论》发表了书评，写道："这第一个中医典籍(《素问》)英译是医学史上的一件大事，其重要性无需进行更多的详细阐述。"美国著名医生 Edward H. Hume 在《远东季刊》发表书评认为："尽管后来的学者可能会进行修订和再翻译，然而这不可或缺的第一个翻译版本必定能证明对于所有进入中医领域的人是一个有价值的开始。"美国著名医史学家 J. R. Hightower 在哈佛燕京学社出版的《哈佛亚洲研究杂志》上发表书评，指出了威斯译本中明显不一致的翻译，并且提出了自己的翻译方法。德国汉学家 Willy Hartne 在 *The History of Science Society* 上表示："作为第一个《素问》英译本，不能期待它是完美的，威斯已经做出了先驱性工作。"罗切斯特大学历史学家 Ralph . C . Croizier 在美国著名的亚太政策与外交杂志《太平洋事务》上指出，威译修订本存在的不足在于"对原文的文本和语言学的语义含糊"[113]，等等。

　　文树德《黄帝内经素问——古代中国医经中的自然、知识与意象》一书出版后，加州大学教授 Larissa Heinrich、美国医史学家 Aerin Caley、Yi-Li wu 等海外学者都发表了书评，推荐这部书。芝加哥大学著名汉学家 Donald Harper（唐纳德·哈伯）在 1998 年出版了《马王堆医书译注》等中医药典籍译作，是美国汉学界和中医学术界有名的学者。2005 年，他在约翰霍普金斯大学的《医史通报》上对此书进行了评价，这一期刊一直是西方医学史领域最具影响力的期刊。认为："这本书最有价值和最令人振奋的贡献在于对《素问》中，甚至是在同一条论述中，关于生理学、病理学、疾病分类学、诊断学等方面不一致的内容作了记录"，"考虑到在这部书中，文树德有许多关于古代中医的新见解，我们期待他的《素问》全译本很快出版"[114]。

　　《黄帝内经素问词典》出版后，伦敦大学学院著名的中医史研究专家 Vivienne 和著名的中国科学史专家 Bridie Andrews Mineha 极力推荐。Bridie Andrews Minehan 毕业于剑桥大学科学史与科学哲学史专业，先后任教于哈佛大学科学史和麻省本特利大学历史系，他在海外一流哲学期刊《中国哲学季刊》上进行了评荐。当文树德的《黄帝内经素问译注》出版后，Vivienne Lo 又在剑桥大学的期刊《东方与非洲研究学院通报》上发表书评，认为"文树德对《素问》八十一章的翻译具有里程碑的意义,是从事中医研究学者的瑰宝"。

《美国针灸杂志》对倪毛信译本进行了推介,评价道:"考虑如何最好地描述这一极具创新性的《黄帝内经》译本时,最恰当的形象应该是在擦拭雾气蒙蒙的镜子时所显示出的瞬间清晰度。突然一切都清楚了。"

可见,威斯译本的评价重点在于节译、学术气息、精美插图和中国文化等特色;文树德译本的评价在于其译本的专业性和学术性。中医文化英译研究在全球英语学术界的热度较高,大多数文章对文树德译本及其研究工作表示肯定。倪毛信译本的评价重点在于语义传达的清晰性,下面我们从普通读者的视角来分析三个译本的读者反馈。

3.1.3　美国亚马逊网站的网上书评数据

美国亚马逊网站是全球最大的图书销售网站,并形成了最大的网上书评数据库。本书重点收集了亚马逊网站上外国读者对三个译本的有效评价。威斯译本买家评分为 4.6 分(满分 5 分),见表 11。

表 11　威斯译本评价

星级	综合评价
4 星	I highly recommend it
5 星	What's great book to read

续表11

星级	综合评价
5 星	Absolute classic
5 星	Very dense text, May have to read it several
5 星	Great book
5 星	Classic
4 星	Perhaps the First Translation
5 星	Wonderful and interesting
5 星	Great book
5 星	As described

倪毛信译本在亚马逊网站获得读者阅读评论数量"位居第一""亚马逊网上销售量最高"。买家评分为4.6分(满分5分),评价见表12。

表 12 倪毛信译本评价

星级	综合评价
5 星	Five stars
5 星	Balance
5 星	Easy to read translation
5 星	Exceed my expectation
2 星	Unhelpful for finding helpful medical information

续表12

星级	综合评价
5 星	Good understanding about TCM in the early days
4 星	A winning triad
5 星	Great book on Chinese medicine
5 星	The original book on Chinese medicine
4 星	This book is a great start long with theLingshu for technical details
5 星	Perfect, thank you
5 星	Good quality
5 星	Common sense in context
5 星	A great master piece
5 星	An insight into a broader view
5 星	A classic
5 星	Not an easy read, but offers good insight to the origins
3 星	Useful
4 星	Exactly as I was expecting and arrived on time
5 星	A great translation
5 星	Love it
5 星	Very interesting and useful

文树德译本在亚马逊网站的买家评分为 4.1(满分 5 分),评价见表 13。

表 13 文树德译本评价

星级	综合评价
1 星	Not worth the money
5 星	Excellent scholarship
5 星	A Great Book
5 星	Chinese medicine classics
5 星	A necessity for your Chinese medicine library
4 星	Four Stars
2 星	Only for Nei Jing freaks
5 星	An excellent two volume translation
5 星	Excellent and outstanding completely

从以上读者的反馈来看，倪毛信译本的综合评价最高，受到了非专业人士的追捧，评语中突出了其译本的通俗性，例如"this book is very readable, and has great information in it"，"It may not be 100% accurate or scholar-worthy but it's still a nice and informative read"。其次是威斯译本的评价，在读者的评语中突出了其译本的经典性。三个译本中文树德的读者评价分数最低。这表明，文树德译本对普通读者来说，可读性不强，例如读者评价"Too dense with way too much notation. Also the translation is horrible"，但也有读者高度赞扬了该译本的学术性。

综合以上评价与分析,威斯译本的读者群介于专业和非专业之间,译本语言灵活多变,配图精美,尽管有些语义错误,但因为它是《黄帝内经》的第一个译本,所以专业读者和非专业读者对其的评价很高。文树德的中医文化英译研究在全球英语学术界的热度较高,大多数专业文章和期刊对文树德译本及其研究工作表示肯定。可见,全球的英语学术圈较为认可文树德译本的专业度,也认可文树德教授作为中医英译研究领域较为权威的学者。因此可以说,文树德教授的译文较成功地征服了其目标读者群,即学术型读者。倪毛信译本是美国亚马逊网站上《黄帝内经·素问》销售量最高的英译本,购买过该译本和针对该译本发表的阅读评论人数位居第一。从评论中可以看出,读者多数为海外许多中医专业初学者和没有接触过中医知识的普通读者。

3.2　受众(读者)实证调查分析

中医院校的国外留学生是促进中医药文化海外传播、推动中医药国际化的有力助推者。为进一步调查译本在外国留学生中的认同程度,本研究在外国留学生中间展开了问卷调查研究。

3.2.1 问卷调查思路

问卷调查采取匿名方式进行，问卷内容包括导读和 3 个版本中选取的 10 个句子的原文、中文译文和 3 个英文译文。因本研究主要集中在中医治未病的语料，所以 10 个句子的译例主要选取了《黄帝内经》的第一章和第二章中的治未病思想的语句。被调查者分别对 10 段语句的 3 个译本的理解和接受满意度进行打分，最满意者为 10 分，最不满意者为 1 分，依此类推。将每一段语句的 3 个不同译文的评分相加并计算出平均值，最后得到 10 个语句的接受指数，分值越高，读者接受程度越高。所得的调查结果仅代表外国读者对某部译作的满意程度以及对三个英译本的评价，用于今后中医典籍英译的参考，并不作为评判译本优劣的标准。

3.2.2 调查对象基本信息

本研究的调查对象是江西中医药大学中医临床专业的留学生。这些接受调查的留学生大多数具有中医学士及以上的学位，接受过系统的中医学习，均使用英语作为学习中医的主要语言，并在学习期间读过《黄帝内经》英译本，对调查内容能够准确理解，这些都保证了调查结果的真实与可靠。表 14 是调查情况的基本简介。

表 14　调查对象基本情况简介

国籍	母语	学位	学习中医时间	汉语水平	人数
印度	英语	学士	2 年	HSK 三级	20 人
巴基斯坦	英语	学士	2 年	HSK 三级	18 人
尼日利亚	英语	学士	2 年	HSK 三级	9 人
赞比亚	英语	博士	3 年	HSK 四级	3 人
坦桑尼亚	英语	博士	3 年	HSK 四级	3 人
卡梅隆	英语	学士	2 年	HSK 三级	2 人
美国	英语	学士	2 年	HSK 三级	2 人
马来西亚	英语	硕士	3 年	HSK 三级	2 人
苏丹	英语	学士	2 年	HSK 三级	1 人

3.2.3　调查结果

本研究先后发放调查问卷 60 份，收回 60 份，回收率为 100%。利用统计软件计算出各个版本的打分情况，各个版本的打分情况见表 15。

表 15　三个英译本的总得分

句子	1	2	3	4	5	6	7	8	9	10	总平均
威本	6.17	6.88	5.37	7.11	6.82	6.41	6.58	6.76	5.82	7.29	6.52
倪本	6.88	7.88	7.89	7.47	6.52	7.94	8.05	7.76	7.58	8.76	7.67
文本	4.76	5.11	5.61	6.76	6.35	6.88	5.94	5.52	6.52	6.29	5.97

根据以上数据可分析得出，在被调查的外国留学生中满意度最高、接受程度最高的是倪毛信译本，得分为7.67分；其次是威斯译本，得分是6.52分；最后是文树德版本，得分是5.97分。为更确切地统计留学生对各个版本的评价，本研究收集了200多条开放式评论，利用扎根理论，删除重复及无用的评论，归纳总结出各个译本的代表评语，探究国外留学生对三个英译版本的接受效果。

威斯译本代表观点：

1. The version 1 is also more comprehensive and easier to understand.

2. Version 1 is the closest to the original text.

3. Version 1 gives a rather succinct explanation as regards Tao. However, it failed to wholesomely convey the meaning intended.

4. In summary, Version 1 and 2 introduces the concept of TCM in a rather simplified way as compared to version 3.

5. I personally think version 1is the best one for it has a basic explanation of Tao and Yin Yang and it easily shows Yin and Yang are two principles of nature for balance from the perspective of ancient Chinese.

6. Whereas the first version is comprehensive, but it lacks the detailing of the second version.

7. Vision1 doesn't exactly explain the meaning of Yin and Yang.

8. The version 1 also conveys the message and the vocabulary is more flexible and commendable.

9. And for the first version it's just for those who want to read something but they don't really want to enjoy it, I feel like its disoriented and as no taste to it.

10. Where as version 1 is also appreciable and the vocabulary is also precise and good.

11. Whereas the version 1 is also highly appreciating and comprehensive with proper compilation and strengthening vocabulary.

12. Version 1 is quite difficult to grasp the intended meaning. This might be due to the poor choice of metaphorical statement as seen in the use "tranquilly content in nothingness". It also failed to give a clearer meaning to what the supposed "vital force" was.

13. The first one is grammatically ture and contains the fluency of the translation. But it doesn't reach its goal to keep accordance with the original context.

14. The first paragraph is good too, but it's not too

detailed.

15. Here I liked the first version a little more, because it felt like it's a storytelling time, and it had a messy but coherent feeling to it, which absolutely got all of my attention and made the rest of the versions look less in value.

16. The translation in version 1 is best narrated in terms of conveying and helping the reader to understand the message behind the text.

17. I think the translation in 1st version is best narrated down in terms of conveying and helping the reader to comprehend and assimilate this piece of knowledge.

18. I think the translation in 1st version is best translated in this section, it clearly translates that importance of of mind set in relation to a peaceful life.

19. The translation of version 1 is precise and brief in terms of understanding and for further practical use of reader.

20. I think the translation in 1st version is best narrated down in terms of conveying and helping the reader to comprehend and assimilate this piece of knowledge.

21. I liked the first version more for the details it has and the insight it represents. The translation is excellent

and there's no grammar mistake spotted, also the usage of the vocabulary is very good.

22. Version 1 omits the fact that people are required to sleep late during this particular time and the happiness of the spirit means one can fulfill their wish to live healthy.

23. Personally, I think the first one is the best among those three. Because it demonstrates the original text and the words are suitable and proper.

24. It use of "rebellious" is a bit confusing as an example.

25. The translation of version 1 is more brief and precise in terms of conveying message and the vocabulary used to better to understand.

26. Version 1: failed to specify that rules of rules signified the law of life development.

27. Where as the translation of version 1 is also applicable in terms of it's strengthened vocabulary.

28. The first version in the other and is very similar in value due to it having less strong vocabulary which would let the reader understand the concept or the idea faster.

29. The first sentence of the first paragraph is a little wrong. Qi does not only refer to the breath, but more to the life activity of a person.

30. Where as the translation of version 1 is also more powerful and the vocabulary used is more accurate.

31. The first version is the best version in comparison with the other two versions, because it has all details that a reader should know, it is so coherent and rich of meanings.

从以上 31 个代表观点来看，根据扎根理论的聚类编码，留学生对威斯译本主要集中于两点：第一点是威斯译本的优点。这些观点主要有 1、2、5、8、10、11、15、16、17、18、19、20、21、23、25、27、28、30、31 等，这些观点认为译本在于其强有力的词汇表达，使译文读起来流畅，含义丰富，能够使读者迅速抓住原文的内涵，帮助读者理解和吸收原文的观点。还有其叙述风格令人着迷，感觉像是讲故事，吸引读者的注意力。第二点是威斯译本的缺点。这些观点有 3、6、7、9、12、13、14、22、24、26、29，这些观点认为威斯在表达原文的有些术语上没有表述清楚，语义模糊，读者在理解上有些困惑，没能够完整地传达所要表达的意思，相对于第二个版本来说，缺乏一些细节，等等。

倪毛信译本代表观点：

1. The translation in version 2 is more precise and

understandable in terms of conveying and helping the reader.

2. I think the translation in 2nd version is best in terms of understanding and in terms of proper way of conveying message of the content.

3. Version 2 is the best one of them. It can be clearly elaborated the conception, culture of ancient China and concept of author.

4. The other 2 versions talk more in depth, but also some of the translations are wrong.

5. Version 2 in a bid to further expatiate and demystify Tao deviates from the main meaning intended.

6. I think the translation in 2nd version is simplified and well explained for the reader to get a better understanding of the content.

7. According to my point of view, version 2 is best and it is explaining the real contents of translation and give full understanding to it's readers. It is also more preferable for me in terms of major concepts.

8. Though version two has a more specific manifest of Yin and Yang, that complicated explanation exactly limited the meaning of Yin and Yang.

9. I find the second version to be most detail oriented

and comprehensive in nature.

10. Vision2 not only translated the sentence well, but also explained that Yin and Yang are a concept of dynamic equilibrium.

11. The second version has the kind of details that would give an actual insight of their lives.

12. The translation of version 2 is very brief and precise for the reader to the maximum use out from text.

13. I think the translation in 2nd version is best in terms of understanding and in terms of proper way of conveying message of the content.

14. Version 2 is the best one of them. It can be clearly elaborated the conception, culture of ancient China and concept of author.

15. Number 2 explains the process the most clearly.

16. All the versions tell the same story but Version 2 paints the best picture.

17. Information is well presented and organized.

18. I think version 2 is the best because it's more fluent compared with the rest. Though it has confused part like "ate a balanced diet".

19. Compared with the first paragraph, the second paragraph is more detailed and substantial.

20. The second version is well oriented and detailed comparing to the first and third versions.

21. The translation of version 2 is narrated in proper way in terms of convening and helping the reader and the vocabulary used is precisely good.

22. I think the translation in 2nd version is best and brief in terms of conveying and helping the reader to comprehend and assimilate this piece of knowledge.

23. Version 2 gave a better explanation but failed to denote "qi" as the flowing energy. The exclusion of qi makes version 2 rather incomplete but rather simplified for TCM enthusiasts.

24. The second one is the best laying on the detailed explanation and the readers absolutely can understand it better even they don't know what is "zhen qi".

25. The second paragraph not only perfectly translates the sentence, but also clearly expresses its meaning.

26. The second version here gave me a coarse, rough feeling because of the vocabulary it carried, it made me feel like living on those days wasn't really hard but it wasn't easy as well.

27. Where as version 2 is also highly acceptable.

28. Whereas the version 2nd is also highly

appreciating and comprehensive with proper compilation and strengthening vocabulary.

29. However, the omission of "qi" in version 1 and 2 makes in comprehensible to learners of TCM but waters down the true interpretation of the text from Chinese to English.

30. On the contrary, the second one is not complete with the last part of the original content.

31. Whereas version 2 is also highly acceptable because of it's precise and good vocabulary.

32. Version 2 doesn't tell us what season is it talking about.

33. Version 2 poorly describes the intended meaning of the text when compared to other versions.

34. The second one is divorced from the original content and has no special statement.

35. The second paragraph of expression is refined; I think it is the best one in the three paragraphs.

36. I think the translation in 2nd version is best narrated down in terms of conveying and helping the reader to comprehend and assimilate this piece of knowledge.

37. Where as in the second version the words are

shortened and fulfilled all meanings.

38. Version2 is simple with an example.

39. However, the reason why I give the second one a highest score is that the second one gives a better understanding to the former "治" and the later one.

40. The translation of 2nd version is more compressed and very well to understand.

41. Version 2 gives a clearer explanation of the concept portrayed in the original text.

42. From the perspective of traditional Chinese medicine, I think it is more appropriate to describe Yin and Yang by transformation, so I think the second sentence is better.

43. The translation of version 2 is very brief and sufficient for reader to understand the context.

44. The second version had powerful words that make it enjoyable to read, it had more meaning to it and more insight.

45. The message in 2nd version is well versed to understand.

46. The second version has all the information behind the cause with lesser and stronger vocabulary, which would get the reader's attention.

47. All versions are satisfactory. However, version 2 gave a clearer explanation of the original text.

48. The translation of version 2 is best and more precise in terms of conveying and helping the reader to gain knowledge.

49. Version 2 portrayal of the text is most satisfactory.

50. The original text is complicated for the people who don't know much about medicine but the first one and the second one explain it very well, even me, the language major can understand it completely. And that's why I give a high score.

从收集的50个观点来看，对译本评价最多的是倪毛信译本，根据扎根理论的聚类编码，主要集中于以下两点：其中正面评价远远多于负面评价，表达正面观点的有1、2、3、6、7、9、10、11、12、13、14、15、17、19、20、21、22、25、28、37、39、40、42、43、44、46、47等，主要表达了倪毛信译本在阐释原文过程中语义表达比较清晰，文字很有震撼力，读起来很有趣，更有意义，更有洞察力，帮助读者很好地理解原文，能够抓住读者的注意力，帮助读者获得知识。表述其译文不足的观点有4、5、8、18、23、26、29、30、32、34等，主要针对其阐释的内容表示了进一步怀疑，例如在阐释"道"时，认为偏离了原文的意思。为了进一步阐释和解读"道"，偏离了其本意，而且认为阐释的内容过于主观，例如对"阴阳"的阐释，复杂的解释恰恰限制了"阴阳"的意义，还有对"气"的内容阐释过于简化，冲淡了真正的解释，和原文并不相符，等等。

文树德译本代表观点：

1. The third version is written as a form of poetry, which is appreciable, but it doesn't introduce us to the concept of yin and yang in a satisfactory way.

2. Version 3 gives a rather obscure meaning as certain things are unclear to the reader for example；the use of the word "high antiquity" is rather ambiguous.

3. And the last one even has no explanation of Yin and Yang that may confuse readers.

4. Vision3 doesn't exactly explain the meaning of Yin and Yang.

5. Whereas the third version remains vague and kind of disoriented about the activities of these people's lives.

6. While the third paragraph is incomplete and not very coherent.

7. The third version here actually has all the meanings

that a person should know but it doesn't really make the reader live the moment, or think of it as a deep thought.

8. I feel Version3 was better suited to the way it was written in Chinese. Short and informative.

9. Version 3 was written in a rather poetic fashion which might limit its comprehensibility amongst different readers. It also failed to further explain what it was referring to when it stated "quiet peacefulness and absolute emptiness" of what exactly, the human body, mind, or the environment?

10. The third one will cause misunderstanding.

11. The third version is rough.

12. The third version has a poetry form which didn't get my attention but it carries a strong meaning if I was a reader that likes to overthink and swim in my thoughts.

13. Version 3 seems it could be about anything.

14. The third translator obviously follows the original content and has a good consciousness of complete expression. But I think it will be better if the translator explains what is "qi".

15. English word use of version 3 could be better.

16. Version 3 gives a clearer explanation.

17. Although, I can see the last translator tried his

best to express, he failed to agood words choosing.

18. Whereas the version 3 is also acceptable and comprehensive with proper vocabulary used.

19. There are unnecessary details in version 3.

20. Version 3 has good, clear explanation.

21. The first version and the third version are very goodbecause they all have a good and specific expression.

22. The third version here gave the yin and yang so powerful meaning, which gives beauty and joy for the reader. The translation looks good and there's no spotted grammar mistake.

23. Version 3 failed to lay emphasis on the transformation of yin and yang thus not completely portraying the meaning of the original text.

24. I think the translation in version 1, 2, and 3 can be a little challenging for a person not familiar with the basic understanding of traditional Chinese medicine and the Chinese culture.

25. The third version is good too but it has too many references which make the reader stop for a while to think about it.

26. Version 3 keeps using "hence". Hence comes after a previously stated problem/statement. But we do not

have that previous context, so it assumes we know the full story. Which we do not.

27. Version 3 meaning is obscure and hard to understand at the first glance. Only people with prior knowledge of TCM may understand.

28. Talking about "liver energy/qi" sounds a bit odd. Maybe saying the "state of the liver" will change. Sounds a bit less mysterious/odd.

29. The text in 3rd version is more understandable and simpler.

30. The third version lacks details that a reader should know, or if they knew then they have to get to check out the information or get back to other books to recall this piece of information.

31. V3 is short and more accurate to the translation.

32. The third one is also good but I didn't see any expression about "应予以针灸".

33. Versions 1 & 2 are similar and tells us a complete storye. g we know you are talking about a certain group of people. Version 3 seems it could be about anything.

从收集来的 33 条评论来看，根据扎根理论的聚类编码，总结归纳出读者对该译本的两点意见：首先对译文的表现形式和语言表达给予肯定，例如在第一个观点中就表达了对其译本这种诗歌形式很欣赏，第 31 个观点认为译文简短有力，语义正确等。对译文的艺术形式给予肯定。其他的观点都认为在读完译文以后，对有些概念很模糊，可能会迷惑读者，例如在译文并没有以一种令人满意的方式向我们介绍"阴阳"。有些观点认为译文本身表达了原文所有的含义，但是它需要读者进行深刻的思考。第 9 个观点认为译文用一种相当诗意的方式写的，这可能会限制不同读者对它的理解，需要进一步解释才能明白原文的含义，对生活在现代的人似乎有些茫然。第 24 个观点认为，译文对一个不熟悉中医和中国文化的人来说有点挑战性。第 25 个观点认为，原文中大量的脚注阻碍了阅读的流畅性。第 27 个观点认为一眼看去，译文意思晦涩难懂，很难理解，只有深度了解中医的人才能理解。总之，对于外国留学生来讲，文树德译文暂时还无法完全接受。

3.3 受众(读者)反馈信息分析

3.3.1 数据分析启示

根据《黄帝内经》三个英译本的接受调查情况，我们不难看出，威斯在普通读者和专业读者中享有良好的评价。目前最受普通读者和海外留学生欢迎的译本为倪毛信译本，在学术界最受欢迎的译本为文树德译本。威斯译本尽管有语义传达错误的漏洞，但其表达丰富灵活、叙事生动，为普通读者和专业读者所接受。倪毛信译本为临床医生和中医初学者所接受，与他的预期读者所匹配。文树德译本为外行和研究者所接受，与他预期的读者群体基本匹配。

通过以上的读者统计数据分析比较，可以得出这样的结论：如果想初步了解中医文化，扩大自己的知识面，建议读威斯的节译本；如果为临床医师、专业实践者或者中医初学者，考虑到其译本的实用性，建议读倪毛信译本。而文树德译本则是专业严谨的学术专著，如果想要进一步深入了解中医，比较中西医学哲学文化，那么建议选读文树德译本。

从传播学角度来讲，相比其他的译本而言，这三个英译本较为受欢迎，究其原因不难发现，无论是译者选择、出版社赞助、海外同行专家推荐，还是学界权威期刊推介方面，都有着天然的优势，海外英译本更符合英美读者的阅读审美和阅读期待。大多数海外读者不具备阅读源文本的能力，他们通过目标文本来匹配自己的期待视野。《黄帝内经》作为一部医学经典，它的主要读者可能还是临床医生或者医学院学生，他们大部分都拥有丰富的医学知识，而读这本书的动机也主要在于希望通过它可以知道如何将中医方法应用于临床实践，因此译文中出现的医学词汇越具体，读者对其理解和接受的程度就越深。虽然倪毛信译本和原文内容并不完全匹配，甚至大胆删除原文不易于目标读者理解的语句，但其译文中出现的特定医学词汇比威斯译本和文树德译本多，语义阐释特别清晰，符合读者的期待视野，这也是该译本在亚马逊书评网站和留学生群体中得分最高的原因之一。

因此，从大众传播的角度来看，中医药典籍的译本在海外的接受现状不容乐观，较为专业的译本并不是很容易深入到普通读者中。在今后的翻译实践中，我们需要调整翻译策略，确定目标语群，首先要进行大规模编译和节译，翻译出的译本要符合大众读者的阅读期待，进行大规模的译出实践，让海外读者了解并认可中医医学文化，其次配合少量的专业译本，在专业学术界进行探讨研究。

3.3.2 受众反馈信息的历时流变性

从目标受众的接受情况来看，译文的接受程度没有随着时间而呈现接受程度高的现象，那么这是否代表在目标受众中的认同程度下降了呢？答案是否定的。仔细分析读者的开放式评语我们不难看到，在文树德译本中多次出现的评语，例如"译本非常具有美感，读起来像诗句一样"，在威斯译本和倪毛信译本中并没有出现。由此我们可以看出，译本的翻译质量在进步，从艺术表现力这个角度来讲，有很大的进步。

仔细阅读《黄帝内经》原文，可以感受到其语句优美而曼妙，对仗工整，长短句错落有致，韵律上朗朗上口，富有节奏美又便于记忆。它不仅在中国医学理论史上意义重大，在文学史上也具有重大研究价值。《素问》原文的形式也是学术研究的对象之一，这种文体带来的美感是通过语句排列达到的整体效果，并非落实于某一具体的词语。从小生活于汉语环境的中国人在阅读过程中无疑能切身感受到其文学语言的美感，但是如何在翻译后再现原文的语言美感则是译者面临的一大难点，经过翻译后会呈现成一种形式上的文学美感的缺失，因此是一种形式上的文本空白[115-117]。这种形式上的美感在早期威斯译本和倪毛信译本中都没有呈现出来，的确是一大遗憾。而这种形式上的空白在文树德译本中得到了补偿，从文本分析的那一章节中我们可以看到，文树德译文是按照原文的诗歌形式来排列的，重复手段和连接手段都使用较多，说明译者对译文的艺术表现力得到了有效的补偿。

从译文质量和艺术表现力的层面上来讲，文树德译本相较于威斯译本和倪毛信译本都有了进一步的提升。随着中医在世界各国的传播，国外中医爱好者对中医的了解越发广泛和深入，处于当今时代的海外中医学习者具备着与几十年前、十几年前的学习者不一样的视野，翻译者应考虑到读者的期待视野的变化，相应地改变翻译策略和方法。在保证译文语言流畅纯正的基础上，尽量保留和传达原文形象的译法，促进中医文化的传播以及两种文化之间的交流。读者是接受译文的对象，因而译者在翻译过程中应考虑到读者的主体地位，确定目标语群，调整翻译策略。翻译策略是连接原文和目标读者的桥梁，也是由原文和目标读者共同决定的。因此，我们应该对《黄帝内经》译本的文化空间的流变性有一个正确的认识，《黄帝内经》英译在海外的发展经过历史的流变，越发凸显中医传统文化这一文化特色。《黄帝内经》英译本正在拥有多样化的演绎方式，受到海外读者的喜欢，在翻译实践中，从事中医翻译的译者们应该不断创新尝试，在传达原文语义的基础上，最大限度表现中医特色文化，提高译本的文化传播力。

3.3.3 传播受众反馈意义

在早期的中医典籍翻译研究中，忽视了受众即读者的反馈作用，读者的反馈角色未被重视与探讨。近年来随着中医在西方的广泛传播，包括《黄帝内经》在内的多部中医典籍英译本在海外的需求量越来越大，研究海外读者对中医药典籍译文的反馈作用对中国传统医药海外传播具有积极的意义[118]。学界已有许多学者针对一个或多个《黄帝内经》英译本进行了较为系统的研究，但是以调查问卷作为研究手段的较少。王宏印认为，由于信息来源的局限性及读者调查反馈的费时费力费钱，对现有经典译作的评论方面的研究大大地地限制了这一方面的实例研究和有根有据的评论[119]。一个突出的困难就是，很难得知外国读者对中国典籍及其译本的阅读和评价情况，以至于影响了研究和评论的视野和效果，有些译作难免成了译者和学界自作自评和自我欣赏的对象。因此，依靠调查问卷，研究整理外国读者可靠的信息反馈，为中医典籍英译本之间的比较分析提供了客观参考依据，对中医经典著作的英译有着现实的指导意义。

考虑到读者的能动作用和期待视野，有助于调整中医典籍翻译策略，指导翻译实践。中医典籍的英译和对外传播近 30 年来取得了较为快速的进展，但是有学者对这中医对外传播的这一段历程进行分析发现，目前中医英译作品在海外接受度不高，原因在于内容和形式上未能符合海外读者阅读习惯[120]。因此，从读者视角研究中医典籍的接受状况，直接针对读者群提出对策，对中医英译的问题具有针对性的现实意义。著名的西方翻译理论家尤金·奈达曾说，翻译的服务对象是读者或者说言语接受者，译文质量的好坏必须通过读者对译文反应来体现[121]。接受理论提出，只有满足读者期待的作品才能进入读者视野。《黄帝内经》等中医典籍最为突出的是其医学性，译者对读者医学信息接受程度的预期决定了译者对医学内容的重视程度，也就确定了该译本面向的读者群是医学相关的学生、老师和专业研究人员，因此可在今后的翻译实践中，顺应读者的期待策略，即医学信息的传达，明确定位读者群，采取准确传达医学信息的医学策略，沟通中西哲学文化的文化策略，既要达到译本医学信息的语义传达正确性，又要沟通中西哲学文化，缩小文化障碍，要注重去影响读者、提高读者，超越读者期待视野，运用融合策略翻译哲学语句和文化语句，让读者熟悉和获取哲学文化内涵的语句进而提升、超越读者的视野，实现译者、文本和读者的视野融合。

从传播学的受众角度出发，可以为中医典籍翻译研究提供新视野，为高文化负载量中医文本翻译研究提供新思路。从传播学视角看翻译的信息释放过程，必然要考虑到"受众"在这些直接对象彼此间的缘起与联系，重视在社会历史情境中发展的各个"受众"，了解"受众"在当代传播中所扮演的不可或缺的角色、突出"受众"对文本可能形成的理解与反作用力，才能更好地评价译文水准，洞彻原文意图，解读译者技巧，领会作者用心，从而确保翻译的高效传播。本书通过调查问卷的形式了解有一定基础的外国读者对于《黄帝内经》译本的阅读和评价情况，提供了外国留学生的阅读译本的真实数据，尤其是对开放式评论进行了聚类编码，归纳总结留学生的背景结构、动机诉求、习惯偏好等，对海外读者的阅读心理有了进一步的了解与认知。因此，缺少受众的翻译研究是难以有生命力的。要翻译得妙，传播得好，还得站在受众的立场来思考。受众地位的提升无疑为中医典籍研究开辟了新的研究领域，有助于加深理解中医典籍翻译活动。

透过读者的反馈与评价，可从受众视角描写《黄帝内经》对外译介模式，推动中医翻译及其跨文化传播研究。中医典籍的对外传播不仅只涉及译文质量的高低，从受众的角度来讲，译作的表达要符合不同层次的译介受众的诗学准则、阅读审美和语言表达。不同国家的政治意识形态和语言审美有着不一样的标准，译本完成后在接受方的地理和文化空间内流传，此时译本已经脱离了原文语境而在目标语境中求生存，它要面对复杂多变的读者和很多意想不到的变数[122]。因此，只有对受众做出正确的判断和把控，中医药在海外才能够产生良好的译介效果。例如在本研究中，读者对倪毛信译本评价较高，认为其编译和阐释的译文有助于读者理解医学信息，其保健养生思想有助于提高人们的身体素质和生活品质。再如读者认为文树德译本中因脚注数量过多会妨碍读者的阅读流畅性等，因此在今后的翻译实践中，要更加注重原文的医学信息的传达和阅读流畅性。

总之，多个译本的存在对中医药文化的传播具有积极的意义。那些符合目标语文化、符合目标读者的阅读习惯且不拘泥于直译的译文，才能实现中医典籍中文化和理论实践的信息传递，从而促进中医药的对外交流。然而，作为满意度分析，本书只选取了 3 个《黄帝内经》英译本的 10 句话的翻译进行比较研究，在今后的研究中可以采取语料库研究法，进一步扩充语料，采取更加优化的研究方法，对受众的背景结构、动机诉求、习惯偏好等进行分析，使类似的研究在研究方法和研究深度方面得到提升，能够比较客观地反映评估对象传播的效果，使受众研究更具体系化，全面反映评估中医典籍的传播效果。

05

第五部分

基于译介对比分析的中医典籍翻译话语体系建构

1　译者为主体的译介对比对构建中医典籍翻译话语体系的启示

在翻译这一历史悠久、对人类文明进程具有深远影响和意义的双语转换交流活动中，译者无疑是最为活跃的因素，不通过译者主体的能动作用，翻译这一跨文化的交流活动就不可能完成。从某种程度上说，译者和作者一样都是在各自所处环境中构建着不同的文化[123]。译者在促进不同文化交流方面起着重要的桥梁作用，因此在翻译理论研究及跨文化传播语境中对译者的身份和作用进行研究就显得十分必要和有意义。纵观古今中外的翻译历史，作为翻译主体的译者与原作者地位的变化以及当时盛行的翻译理念密切相关。这些翻译理念在不同程度上制约着译者的翻译实践活动。翻译理论研究经历了从语言到文化，译者的地位也从低于原作者到被认为在翻译活动中起决定作用等一系列转变[124]。在翻译过程中译者的主体身份逐渐彰显，其主观能动作用也逐渐凸显出来。

20世纪70年代，随着翻译研究的文化转向，译者的主体性研究已经成为翻译课题的重要研究方向[125]。本书从历时的维度选取了三个在国外受欢迎的《黄帝内经》译本，将译者的文化身份、主体动机及社会语境进行了对比分析。从第一章节的讨论中可以看出，译者主体性本身包含着主观能动性（翻译中体现的自主性、主动性和创造性）、为我性（目的性）、和受动性（社会语境以及译者自身意识形态、价值取向等因素对译者的制约性）等。

传统的翻译理论认为，译者是隐形的，翻译只是译文忠实客观地呈现原文，译者必须隐身于作者和文本之后，原作者和原文本占据翻译中的统治地位，而译者则是两者的"仆人"。然而，事实并非如此。在中医翻译实践当中，面对巨大的文化鸿沟，译者的主体能动性更加凸显，译者无论是在解读阐释原文还是翻译校正译文都起着最为重要的作用，而译者的文化身份、主体动机、跨文化意识等直接影响着翻译活动。翻译向来都是译者的阐释，不同的译者或者同一译者在不同历史时期对源文本的阐释是不同的，每种阐释都是多种可能阐释中的一种，是译入语文化各种价值观按照等级次序对其施加影响的过程。但是，译者对文本的阐释并不是主观随意的，对文本的阐释应该有界限和范围，不能超越与社会历史文化相关联的意义空间，否则对文本的阐释就失去与历史事实的相关性，从而陷入不可知论[126]。

美国医史学家威斯，作为首个翻译《黄帝内经》的译者，为使译本便于西方读者理解与接受，彰显这一著作的学术价值，在译本的前半部分详细阐释了自己对《黄帝内经》的理解，在叙述中加入中国许多传统文化的内容，既彰显了其医史学家的主体身份，又达到了部分引介的目的。临床医师倪毛信在翻译过程中注重其临床实用性和读者的接受性，因此采取编译的方法，渗入大量中医养生智慧和思想，使译文语义清晰流畅，受到普通读者的欢迎与追捧，体现其主观能动性和目的性。文树德为追求中医的本真面貌，创设深度化语境，采用直译加脚注的文献式翻译方法，体现了医史学家的专业性和严谨性，同时也体现了极大的主观能动性。

但同时我们也应该清晰地看到，译者的主观能动性并不是不受限制的，在社会语境中就体现了译者的受动性，译者的能动性以受动性为前提，对客体的改造和影响必须建立在"受客体制约、尊重客体"这一规律的前提上。作为翻译过程中主体的译者，在具体的社会文化语境下享受到的自由度亦是有限的。译者往往不自觉地适应时代文化语境，并在时代文化语境许可的范围内寻找符合自己审美倾向的合适的译介方法，尽力发挥自身的能动作用。在第一章的论述中我们可以看到，威斯、倪毛信和文树德的翻译动机和翻译策略都受到社会语境的制约。威斯在翻译前言中明确表示，她看到了中医在中国复兴这一社会现象，在缺医少药的医疗条件下中医起到了很大的作用。随着社会的发展，20世纪90年代医疗条件已有极大的提升，但是倪毛信认识到科学技术的发展并不能解决所有问题，而中医的这种绿色和合思想却大有作为。文树德一向强调医学的发展是由"社会—政治"模式的发展来推动的，十分注重社会语境的研究。译者主体身份与社会的交互性、社会视角下译者主体的"受动性"在中医翻译实践中得以彰显。

传统阐释学的缺陷就在于一味迷信文本作者的原意，译者不可能作为一个透明体进入文本的视域从而得到原作者所要表达的"唯一正确"的原初意义，理解不是被动地去复制文本，而是一种创造性的活动。译者在翻译实践中的主体性介入是不可避免的，但这种介入又受到了社会文化因素和个人因素的双重制约，这决定了译者在翻译过程中不可避免地带有主观性。因此，我们在中医典籍翻译实践中，一方面，译者的主体性不应该被夸大，译者应尊重原作，注意译入语的文化和社会意识形态发展；另一方面，由于译者的文化身份、主体动机和翻译策略对译作影响深远，在进行中医典籍翻译时，译者在充分理解原文本的语义和产生的社会语境后，要充分调动主观能动性，在再创作的过程中提高译作的质量。

总之，中医典籍译者的思想意识对其审美意识和文化价值取向具有一定影响力，能决定其翻译理念，并通过翻译理念对文本进行意识形态有关问题的处理，将其思想意识投射到翻译选择、翻译策略及其翻译行为中，而其思想意识又反过来深受其所处的政治生态环境和社会文化环境的制约。因此，我们在翻译研究中承认并考虑译者主体性在翻译过程中的作用，这对中医典籍翻译理论建设具有一定意义。

2 文本为主体的译介对比对构建中医典籍翻译话语体系的启示

　　语言是医学文化的根，人类医学的产生和发展，本质依赖于人的语言。邱鸿钟教授在其著作《医学与语言》一书中指出，要理解人类医学的本质就必须回到语言这个根上，了解人的存在与语言符号的深层关系，语言是人发现自己和世界、联系人与世界、改造自己和世界的工具。由于文化的各个要素都在语言之中烙下了痕迹，语言差异往往能反应不同文化之间差异的本质。语言既是思维的形式，又是逻辑对应的符号系统[127]。在本节中，笔者依据功能语言学理论，从语义表达、语篇功能和副文本三个方面对三个英译本展开了系统的对比分析。

　　从语义上来讲，三个英译本经历了从语义笼统式转释到进一步的语义阐发，再到语言考究翻译的过程，使西方读者对中医经历了"认识—理解—自我考证"的转变，从"客位"的文化描述转向"主位"的文化与情感体验。持有不同价值观的中医典籍译者在自觉与不自觉间所采用的翻译策略，让我们看到了中医文化以平等的地位参与到东西方文化交流中，其文化认同程度进一步加深。我们要秉持民族中心主义的原则，慢慢从弱势边缘地位向话语中心位置靠近，在今后的典籍翻译当中，能够有效吸收前面译本的优点，凸显两种文化的语言优势，优化和超越原来译本，从而实现文化多样性的有效整合。

从语篇功能上来讲，三个英译本经历了从注重词汇表达到注重语篇表达的转变，从只注重语义传达到语义和形式兼重。三个英译本都不同程度地转换和添加了衔接手段，以满足译文的语篇连接，但是从历时发展的角度来讲，文树德译本的语篇功能表达进一步加强。《黄帝内经》原文是以医古文形式呈现的，医古文有着"辞简"和"文约"语言美学特征，尤其是四字句，读起来朗朗上口，同时结构平稳，给人以均衡的形式美感，这种艺术表现形式在威斯本和倪毛信本中并没有体现，而在文树德本中有所体现。这一译本中的重复手法相对其他译本较多，表明它注重原文韵律节奏感的呈现，注重韵律感和形式，艺术表现力大大加强，使读者能够感受原文的韵律，体验其艺术表现力，对中医文化的认同度进一步加深。

从副文本对比分析上来看，三个译本都呈现出了多样的副文本形式，构建中医文化体系，进行翻译目的语策略说明等，为读者理解译本起到了很好的铺垫作用。从整体上来讲，除了倪本因其特殊的传播目的，没有过多地使用副文本的功能，但从传播学的角度来讲，全文无障碍式阅读，为其译本的大众化传播提供了有利条件。因此，从威斯本到文树德本的副文本变化形式来看，脚注数量、参考文献和译本总页码数量都有了很大的提升。文化交流本身就是丰富多彩的，不同的副文本会满足不同的文化交流需求。从总体上来讲，随着时间的推进，三个英译本对中医文化的认同程度在不断加深。

在本章中，笔者深入翻译文本内部，对三个英译本展开文本细读，对比分析出它们的相同之处与不同之处。这一研究过程可以启发学界，在今后的中医典籍翻译中，需要进一步思考如何将中医药文化尽可能地完整呈现给西方读者，以此来促进西方社会对中医药文化的真正理解，有效指导我国的"译出"队伍建设和国家层面开展的大规模"译出"实践，进而促进中国文化与世界文化的对话与融合。或许在这样的努力下，中国特色的中医典籍翻译理论研究，能彰显出自身重要而鲜明的特色。

　　语言翻译作为中医药跨文化传播的必备条件，是中医文化旅行的载体，译文语言成为中医文化在"他者"社会的一个屏幕或者一个过滤器，人们通过它来研究中医药的跨文化传播历程。本节从语言符号入手，介绍了中医药跨文化传播的历时流动性，中医药在"他者"社会经历了从认识到理解，再到深度体验的转变，从"客位"观察式到"主位"体验式的转变。这一现象表明西方社会正在积极地介入我国中医药文化对外传播。从传播学的角度来讲，中医文化形象在西方社会中愈加饱满和清晰。

3 读者为主体的译介对比对构建中医典籍翻译话语体系的启示

本节主要从读者的视角切入，从读者类型统计分析、实证调查和反馈信息三个方面，对《黄帝内经》英译本的满意度进行了量化分析。从上述的讨论结果来看：倪毛信译本因语义传达清晰，医学信息饱满，阅读体验流畅，受到了外国留学生的喜爱；其次是威斯译本，其译本词汇丰富，句式灵活多变，也受到了好评；再次是文树德译本，有一部分读者认为其诗学的表现形式有利于弥补原文艺术表现力的空白，能提高中医在译语环境中的艺术表达力，但因其使用大量的脚注对原文进行考证，一定程度上阻碍了留学生的阅读体验，因此得分较低。但是，文树德译本严谨的学术性和深厚翻译风格，令许多医史学家和专业人士着迷。译本的分数并不代表译本质量，这次是从受众的角度调查其对《黄帝内经》译介模式的喜好，从开放式评论中，总结现有的优缺点，进而指导今后中医典籍翻译实践。

中医典籍翻译的内容和形式以受众为中心，表述的方式应遵循大众传播的规律，从受众的类型、心态、期待和文化状况出发设计表达形式。译本形式可以多样化，但译者应该区分自己的读者目标群。以上的调查结果显示，目前海外受众仍偏好一般性译本，因此为进一步推进中医典籍普及，可针对普通读者出版一些编译、节译或者缩译版本，可在译本中加入精美的插图或者生动的案例等，使中医典籍英译本能够出现在大众读物市场上，扩大中医典籍的基础读者群体。亦可参照倪毛信译本，以编译和译学阐释为主，传达译本的医学信息，在此基础上适当增加语气词和情感以调动读者的兴趣。学术译本可参考文树德的版本，形成规范化的翻译符号和形式。因此，在中医典籍翻译实践中，译者可针对不同的读者采取不同的宣传手段，以方便不同层次的读者选择。

中医典籍翻译研究要注重读者的反馈性。翻译是一个需要彼此理解障碍的艰难融合过程，因而也是一种极具对话性、必须恪守合作原则的交流活动。而受众可以接受、思考、反馈各种信息。受众是自主甚至"叛逆"的，他们在先有、先见、先识的基础上对文本进行语义联系和意义选择，各种复杂因素不可避免地会干扰他们对文本的理解，因而其对文本的解读存在着丰富性和多样性。中医典籍翻译是一种特殊的跨文化传播活动，原文本身面临着从古文转换为现代白话文的语言代码转换，翻译是将其现代白话文再进行转码，因此中医典籍面临着二次转码的复杂过程，其面临的文化迁移是巨大的，而不同文化的异质成分决定了信息在传播时必然会出现一定程度的变形。相对于源文本而言，译者是直接受众，译者的目标受众是间接受众，其所接受的是译者作为直接受众来解读的产物，那么目标受众在译者解读的基础上再次作出的解读会受到其周遭各种因素的影响，将出现更大的变异。因此，我们必须将受众放在翻译研究中的一个"权势地位"，以研究译文是否达到了译者的预期效果。译者要把"话"说好，做优秀的"传话人"和"对话者"，让受众听得进"话"并成功对其思想、行为等产生有力影响，必须具备充分的受众意识，注重受众的反馈。以本研究为例，三个英译本分别采取了不同的翻译方法和翻译策略，因此就受到了不同类型读者的喜欢。在典籍翻译中，译者应该采取因时、因人、因境制宜的灵活模式，满足读者的期待，以形象化的模式扩大目标受众。因此，在中医药文化"走出去"的战略实施下，译者应做好市场调查，积极搜集受众的反馈，开展量化考察研究，使用有说服力的数据来体现受众反馈在对外翻译传播中的层级分类和最终效力，并及时修正改进对外翻译的素材、表达方式和传播方式，注重对海外受众的切实传播效果。

中医典籍翻译应顺应社会语境采取相应的翻译策略。既然信息传播过程不是一蹴而就，而是差异化、阶段化的，那么在翻译过程中对于差异化受众的译入语信息处理方式也应该是差异化和阶段化的，即择优融合不同译论，根据实际情况动态选择合适的理论与策略以获取相对较好的效果。在文树德英译本出现前，大多数译本是以归化策略为主进行翻译的，这样翻译的优点在于可以迅速让海外读者理解并接受中医文化所传达的语义信息，对于了解中医起到了很大的推动作用。但随着时间的推进，中医药文化在海外的认同程度加深，迫切需要一本语义正确、言语考究且有深度的译本，供专业研究人员与中医爱好者参读，而文树德译本就是在这样的社会语境下诞生的。该译本的出现引起了国际中医学界的轰动，专家学者对译本深度化的语境翻译模式赞不绝口。因此，不论采取何种翻译方法，关键还在于转换后的语言对于其目标受众甚至译入文化所产生的最终作用与效果，是否在大时代中适合当下的社会实践，是否在大范围内为完善具有时代性的社会需求作出更好的服务。实践证明，动态顺应地选择翻译策略相对较为符合认知水平差异化受众的需求，所形成的译入语文本更易于为受众理解并接受，能收到相对有效的传播效果。

中医典籍翻译应注重传播效果。传播效果在跨文化传播学研究领域有着较高地位，因为跨文化的信息从传播者发出以后，传播主体都希望达到一定的效果，总要对异质文化中的受传者产生一定影响。如果受传者没有接受到传播者发出的信息，那么传播是不成功的，也就谈不上传播效果。只要传播的信息从来源到受传者能够顺利实现，它就会有效果。这里所说的效果有程度上的差异，有的传播只要受传者有反应，得到了信息就行，有的传播却能改变受传者的态度、观念和思想等，有的传播甚至能够影响几代人的世界观、人生观和价值观，进而产生社会变革和文化变迁。但是，决定传播活动效果的主体是谁呢？从现代传播学角度看，传播活动的主体不仅有传播者，还有受传者，是他们双方共同作用，才促成了传播活动进行。由于受众是跨文化传播的对象和目标，对于传播者、传播内容、传播渠道在传播过程中所产生的作用，往往都需要根据受众接受信息的状态和反馈结果来评价。因此，重视目的语文化中的受众在传播中的地位有助于理解跨文化传播过程和传播效果。

总之，受众的认知情况与翻译内容的传播推广效果之间关联紧密，进行受众分析、有的放矢地争取受众认同有助于实现成功的对外传播。《黄帝内经》翻译的基本要求是使目标读者理解翻译文本，译者应考虑到世界不同文化背景和不同思维方式的读者，尤其是对中医质疑的读者。译者要对原文要有专业深入的理解，熟悉西方文化及思维方式，进行读者问卷调查，了解读者更易接受的译本形式，最终缩小原文读者和译文读者的文化和心理代沟，促进中医思想的世界传播。贯穿多元关系的受众意识重视作者的表达初衷，审视译者所采用的翻译方略，促使译者重视译文对目标受众产生的效果，致力于对译文受众产生影响，关注翻译方法是否以适合受众的方式最大限度地传递源语言文本信息，这有助于完善翻译实效性评价体系。在信息传播时代的任务驱动下，受众势必是当代译者开展翻译活动时的一个重要参照。具备受众意识，积极研究受众，根据受众水平、需求等差异动态实施翻译策略，这些能力应纳入译者业务素质培养范畴。

06

第六部分

结　论

1 研究内容总结

中医典籍翻译是一种文化现象，要理解这种文化现象，不仅要关注其内容，还要理解它形成的历史过程，以及基于现实问题做跨时空的意义与影响分析，这些都有益于发现中医典籍翻译传播、变迁的规律。本研究不仅关注了《黄帝内经》英译本中的语言学特征和翻译策略，更为重要的是通过这些语言特征和翻译策略去探索不同时空的翻译版本在时间长河中的流变过程。这包含却不限于个体译者如何将自己的主体性思考融入跨语言转换中并积极地介入这一过程，还包含读者在内的评价和使用，从而将《黄帝内经》翻译研究从语言价值上升为工具价值。

1.1　译者为主体的译介对比结果

　　本书主要从传播学视角切入，从传播者（译者）、文本符号和受众（读者）三个方面来探讨《黄帝内经》英译的时空流变。从译者角度来看，中医典籍译者相较于普通的文学和科技类作品翻译有着更大程度的个体能动性。中西方文化从属于不同的文化体系，而中医典籍隶属于古代话语体系，因此在翻译过程中会经历符码的二次文化转换，过程十分复杂。译者作为真正的跨文化权力操纵者，在符码的转换过程中有着很大的主观能动性，从研究结果来看，《黄帝内经》的译者在翻译过程中体现了自主性、主动性、创造性和受动性。译者的主观能动性并不是随意发挥的，在第四部分的"译者社会语境对比分析"中我们看到，社会语境即时间的流变性对译者的自身意识形态、价值取向起到了制约性作用。

1.2　文本为主体的译介对比结果

　　从第四部分的"文本符号"内容中可以看到，在语义上，译本经历了语义笼统式转释到进一步的语义阐发，再到语言考究翻译，使西方读者对中医经历了"认识—理解—自我考证"的转变，从"客位"的文化描述到转向"主位"的文化体验。语篇功能上来讲,三个英译本经历了从注重词汇表达到注重语篇表达的转变,从只注重语义传达到语义和形式兼重。从副文本上来看,从威斯译本到文树德译本的副文本变化形式较大,脚注数量、参考文献和译本总页码数量都有了很大的提升。文化交流本身就是丰富多彩的,不同的副文本会满足不同的文化交流需求,但总体上来讲,对中医文化的认同程度在进一步加深。语言既是思维的形式,又是逻辑对应的符号系统。因此,可以从语言路径审视中医药跨文化传播进程并且分析其规律。

1.3 读者为主体的译介对比结果

在第三部分中,笔者从受众即读者的角度展开了对比分析。从受众类型统计、实证调查和反馈信息分析三个方面对中医典籍受众展开研究。结果显示,倪毛信译本因语义传达清晰、医学信息饱满、阅读流畅而受到了外国留学生的喜爱,其次是威斯译本;其译本词汇丰富、句式灵活多变,也受到了好评;最后是文树德译本。有一部分读者认为文树德译本的诗学表现形式有利于弥补原文艺术表现力的空白,提高中医在译语环境中的艺术表达力,但因其大量的脚注,对原文进行了大量考证,一定程度上阻碍了留学生的阅读体验,因此得分较低。同时，该译本严谨的学术性和深厚翻译风格，令许多医史学家和专业人士着迷。研究结果明确了海外受众的阅读心理和偏好，以及进行中医典籍翻译研究应该注意的问题。读者期待视角的研究让我们了解《黄帝内经》英译本在对外传播中的现状、存在的问题和发展方向，以期更好地促进中医药典籍的海外传播。

在"时间的语言"与"空间的语言"维度可以制造一个逃脱文化禁锢的灵活认知。三个版本的《黄帝内经》译者均为国外的学者，且相隔了一定的时间，因此他们的译文是在不同的时空和社会看到的有差异的中医图景，并且是一种"他者"图景。通过去了解"他者"眼中的我们，理解他们对我们的思考，也是实现中医药跨文化传播的途径之一。《黄帝内经》译文是中医与各异质文化沟通的基础，也是完善中医文化"走出去"战略的必由之路。

2 创新、局限与展望

2.1 创新

本研究从历时的视角，选取了威斯、倪毛信和文树德的三个英译本，通过定量与定性分析，结合具体的社会历史语境，探究译本变化与译者自身、历史、社会、文化及读者的互动关系，纵观其嬗变的整体特征。从以上研究结果可以看到，中医典籍翻译根植于文化多样性、语言多样性和认知多样性的现实世界，产生于个体与社会、主观与客观、内在与外在相互影响的立体空间，呈现为不同主体、社会和文化等关联要素多向度交互的行为关系网络，不可避免地要面对社会化与个性化的对立统一的问题。具体而言，中医典籍翻译活动总是产生于不同语言和文化相遇的社会语境中，寓于不同关系编织的网络之中，在特定任务环境下，通过激活、运用关联知识等一系列认知和操作过程，实现源始语内容的跨主体转移，成就新的跨文化事实。翻译操作总体上表现为嵌入式（embedded）、调和式（mediated）和绝对式（radical）三种模态。嵌入式翻译是对先验共识性翻译成果的再利用；调和式翻译针对歧义性问题和干扰性问题，运用关联知识作出合理判断和决策；绝对式翻译主要针对非对称性问题，生成填补认知空缺的解决方案。根据这三种模态，我们可将威斯译本归为嵌入式，倪毛信译文归为调和式，文树德译本归为绝对式。从这个意义上讲，翻译认知过程蕴含一种识别和纠正误差的机制，翻译操作策略不过是处理和表达差异的一种权宜之计，翻译能力也就是跨语言认知和操作经验的一种累积能力。每一次翻译活动都是对历史经验的继承和开新。归根结底，翻译是生成性的，也是范例性的，只有此情此景适切的翻译，没有终极性的翻译。

因此，我们在观察译本的历时演变过程时，并没有对翻译的质量进行好坏优劣的对比，而是从传播学视角，结合语言分析路径，对文本展开细读，分析社会、文化、历史等诸多因素在《黄帝内经》翻译变迁中产生的影响。从研究结果来看，《黄帝内经》的翻译进程不是线性的，而有规律可遵循的。例如，倪毛信在翻译时照顾到文本的阅读流畅性而没有添加过多的副文本形式，采用了编译的翻译策略，删除了一些西方读者在理解上有困难的语句，因此从语篇功能的衔接手法上来说，也并没有比威斯译本多，但是，这并不代表倪毛信译本出现了译作质量的倒退或者下降。从受众的阅读满意度来看，倪毛信译本最受欢迎，评分和评语在三个译本中最高。这种现象说明，任何一次《黄帝内经》翻译活动都是在特定的社会文化时空进行的，是不同关联要素因时因地涌现和相互作用的产物，都会涉及至少两种语言和文化，关乎不同的具体任务、信息内容和目标受众，产生新的可能性，造就新的传播事件，具有一定的独特性和不可复制性。但如果把整个翻译进程当作一个整体事件来看，《黄帝内经》的翻译一直随着社会的演变而在不断进步，从形式上来讲，已从"客位"的文化描述转向"主位"的文化体验，读者对中医文化的认同程度在不断加深。语言创造了对现实世界新的描述方式。通过语言分析路径，深入翻译文本内部，展开文本细读，不仅有助于构建有中国特色的中医典籍翻译理论，而且有助于重新审视中医药跨文化传播本质问题。

2.2 局限

由于笔者学术背景、获取必要支撑材料以及研究时间的充裕度等多方面的局限，此项研究还只能算作是在该领域中的初步尝试，这些局限性均在一定程度上影响结论的客观性和准确性。归纳起来，笔者认为本书在如下三个方面还存在不足之处：

（1）1925 年出现的第一个《黄帝内经》节译本至今已有百年历史，在不同时期推出了 20 个形式和内容各异的《黄帝内经》英译本，大部分都是由海外汉学家、翻译家所译，因个人时间精力有限，只从历时的视角选取了三个海外受欢迎的译本，研究体量相对较少，因此今后可进一步丰富扩充语料，从而使研究结果更加丰富。

（2）在今后的研究中，可以使用语料库研究法，对大量的语料进行客观统计，利用语料库的各种图形软件将结果以直观的数理模型呈现出来，从而可以使研究结果更加准确和客观。

（3）由于开展此项研究的时间有限，加之笔者在古文知识等方面的欠缺，对《黄帝内经》原文及各英译本的分析对比工作仍较为粗浅，实难从文本分析的微观层面达到高度的客观性与全面性，以偏概全的现象在所难免。

以上几点不足之处也是笔者在今后的研究中需要努力改进的重要方面，希望今后有能力和决心将此项工作继续坚持下去，边学习，边研究，边改进，提高研究的深度和广度。

2.3 展望

世上没有两种语言有真正的对等意义可供互"译"，真正优秀的"译"永远是出神入化的"释"，是语言兑换和再表述，同时亦是一种文化和世界观的对应和再申述。《黄帝内经》的翻译过程是把译者、读者及相关社会历史文化和科学技术背景融入翻译的过程，从而实现跨越时空的对话和交流，形成一个选择与吸收、创造与变异的互动过程。以威斯的翻译为例，《黄帝内经》早期的翻译实践多以文化交流为目的，译者并未完全忠实于原文，对复杂的中医概念和术语采取转换和简化形式，且对原文中的文化缺省和真空现象多进行模糊化的处理。随着社会的发展，译者生态群落和译者观念也在发生改变。倪毛信运用编译法、阐释法等方法辅之以音译、注释和增译等方式，对译文进行了改编，受到了良好的效果。再到文树德，他采用极其考究的语言异化翻译策略，尊重中医史实和文本内容，保留了《黄帝内经》的语言特色和主旨要义。这些翻译实践均体现出国家叙事主体性在翻译实践传播活动中的渗透以及对译者行为模式产生的影响。

因此在当下阶段，学界应该加强对"译出"理论的探索，对译出行为产生的深层原因、译出文本生产机制、译出主体、译出合作模式、译出文本的传播渠道、传播效果等重要方面的问题，展开系统研究，进行理论探讨与构建。《黄帝内经》英译的结果是通过语言为译文读者创设一个《黄帝内经》文化场，使读者能够形成符合中医本质特点的整体印象。每一种文化都不同程度地吸纳了其他文化的合理成分，对其他文化认同程度也在放大。我们迫切需要全面梳理中国典籍外译史料，深入翻译文本内部，进行文本细读，整理出这些翻译家文字生涯中散落的翻译表述，以有效指导我国的"译出"队伍建设和国家层面开展的大规模"译出"实践。在这样的努力下，中国特色的翻译理论研究，才能彰显出自身重要而鲜明的特色。

在今后的中医典籍翻译研究中，以此研究为起点，进一步扩充研究视角，大胆采用先进的语料库和各种质性分析软件，从广度和深度上继续挖掘对《黄帝内经》英译本的价值，跳出了语言工具这一言语操作层面翻译的传统观念，从而使中医典籍翻译研究从工具理性上升为理性价值，拓宽中医典籍英译研究视角，深度理解中医典籍英译活动，促进中医药跨文化传播，为中医典籍海外传播战略工程提供基础信息和数据检索与分析、翻译策略与评价、传播规划与方案咨询等多类型、多层次服务。

总之，中医药是我国优秀传统文化的代表，其屹立东方五千年而从未灭亡，它长期以来遭受着来自西方强势文化的歪曲和诋毁，但至今不但屹立不倒，而且历久弥新，保持着勃勃生机，展示着它自身在疗效和安全性等方面的巨大优势，因此我们应该积极弘扬。学界需要进一步思考如何把中医典籍中的医学信息和文化信息尽可能完整地呈现给西方读者，并以此来促进西方对中国的真正了解，推进中医药文化"走出去"战略，提高国家文化软实力。

致　谢

　　阳春三月，南风暖窗，樱花树开。伴随着三月的美景，我愉快而充实的博士学习也接近尾声。回想起这三年既艰辛又快乐的历程，感慨万千。在这三年的时间我不仅增长了知识，扩大了视野，更收获了人生一笔宝贵的财富。然而，这一切都来自老师和家人的帮助，感激之情不禁油然而生。

　　首先，感激我的博士生导师何清湖教授，一位乘风破浪的学者，国内首位提倡"中医+思维"，提倡学科内外的交叉和融合，用全新的视角解读中医。在导师的带领下，师门遍地开花，在各个领域都取得了优异的成绩。因此好的导师根本标准应该是，他能不能给你提供一个有价值高水平的研究方向，这是战略问题，这就犹如一颗种子，只要外部条件合适，它自己就能发出芽来。从这个角度来讲，我非常感激他，正因为他最初的引导，我才在这个领域里做出了一些有意义的事。从他的身上，我感受到了一位睿智学者的风范，他的信任和鼓励，让我的研究思路开拓了很多。希望将来我也能像他一样成为一名好导师。

其次，感谢在背后无私奉献的师姐们，首先感谢严暄暄师姐，正是在严师姐详细的指导下，我才慢慢摸索到了自己的论文主题，而后她又不厌其烦地帮我修改论文，带领我们外出开会，参编教材等，严师姐一丝不苟的工作作风和严谨的科学态度令人钦佩。还要感谢我的大师姐陈小平老师，在博士学习的第一个学期，她给我们上了马克思主义相关课程。陈师姐上课充满激情，侃侃而谈，让我们收获颇多。还有丁颖师姐、盛洁师姐，在平常的日子里我们会经常沟通、交流学习经历。尤其是丁颖师姐，她为人和善，常与我交流论文和课题，使我能够不断进步。除了师姐们的关爱，还有来自师弟师妹们的鼎力相助，在这里要特别感谢海林、盛文不辞辛劳帮我报销、跑腿，让在职的我省去了不少麻烦。总之，在"何门"学习是一件很幸福的事情，享受到了来自师门的关爱和照顾，在这里万分感激！

博士学习过程，我还得到了很多老师和同学们的无私支持和帮助。感谢国教学院的吴江老师，帮我联系外国留学生，使问卷调查得以顺利进行。也感谢国教学院的留学生们的支持，让我得以在受众研究这一部分能够收集足够的数据。感谢我的室友王平老师、钱珍珍同学在平时的生活中相互帮助，室友相聚，相聊甚欢。我们相互学习，彼此鼓励，最终得以顺利完成学习，这段学习生活经历终生难忘。

最后，感谢家人的大力支持。感谢爱人的默默付出，在我离家学习的日子里能够一边忙于工作，一边照顾家庭，使我能够全身心地投入学习。感谢公婆的牺牲，风里雨里都接送孩子，每天都会做美味的饭菜，让我们能够安心学习工作，为我们减少了很多后顾之忧。深得上天的眷顾，我有一双可爱的儿女，虽有时会为他们调皮而分心乏术，但每当看到他们手牵手的样子，心里还是暖暖的，感谢宝贝们！感谢我的父母姐妹和弟弟的嘘寒问暖，每当生活上有了不开心的事，都能及时帮我解开，家人的微笑就是我前进的最大动力。

我时常在想，知识的价值到底是什么？知识的最大价值，是它可以带来希望。不管是一个人还是一个家庭，不管身处顺境还是逆境，只要看到希望，就不会沉沦，看到希望的人，内心往往是快乐的。"文章千古事，得失寸心知"，本书是我花费了大半年的心血撰写而成，希望在这条追寻知识的道路上，心境依旧纯净和美好！

春秋三度，白驹过隙，愿世间安稳，岁月静好！

附　录

附录 A

1. Ancient Chinese：上古之人，其知道者，法于阴阳，和于术数。

Modern Chinese：上古时的人，懂得养生之道，他们遵循阴阳变化的规律，掌握养生的方法。

Version 1：

In ancient times those people who understood Tao [the way of self-cultivation] patterned themselves upon the Yin and the Yang [the two principles in nature] and they lived in harmony with the arts of divination.

Score

Version 2：

In the past, people practiced the Tao, the Way of Life. They understood the principle of balance, of yin

179

and yang, as represented by the transformation of the energies of the universe. Thus, they formulated practices such as Dao-in, an exercise combining stretching, massaging, and breathing to promote energy flow, and meditation to help maintain and harmonize themselves with the universe.

Score _____

Version 3:

"The people of high antiquity, those who knew the Way, they modeled [their behavior] on yin and yang and they complied with the arts and the calculations.

Score _____

Comments: _____

_____

_____

_____

2. Ancient Chinese：饮食有节，起居有常，不妄作劳。

Modern Chinese：饮食有节制，起居有规律，不过分劳累。

Version 1：

There was temperance in eating and drinking. Their

hours of rising and retiring were regular and not disorderly and wild.

Score ⸻

Version 2:

They ate a balanced diet at regular times, arose and retired at regular hours, avoided overstressing their bodies and minds, and refrained from overindulgence of all kinds.

Score ⸻

Version 3:

[Their] eating and drinking was moderate.

[Their] rising and resting had regularity.

They did not tax [themselves] with meaningless work.

Score ⸻

Comments: ⸻

⸻

⸻

⸻

3. Ancient Chinese: 恬淡虚无, 真气从之, 精神内守, 病安从来。

Modern Chinese: 思想上要清净安闲, 消除杂念, 保持真气调畅，精神守持于内。

Version 1：

They （ the sages ） were tranquilly content in nothingness and the true vital force accompanied them always; their vital (original) spirit was preserved within; thus, how could illness come to them?

Score _____

Version 2：

On the mental level, one should remain calm and avoid excessive desires and fantasies, recognizing and maintaining the natural purity and clarity of the mind. When internal energies are able to circulate smoothly and freely, and the energy of the mind is not scattered, but is focused and concentrated, illness and disease can be avoided.

Score _____

Version 3：

Quiet peacefulness, absolute emptiness the true qi follows [these states].

When essence and spirit are guarded internally, where could a disease come from?

Score _____

Comments： _____

----

4. Ancient Chinese：是以志闲而少欲，心安而不惧，形劳而不倦，气从以顺，各从其欲。

Modern Chinese：他们精神安闲，少有欲望，心境平和，没有焦虑，他们虽然劳作，但不过度疲劳，真气因而调顺，各人的愿望都能得以满足。

Version 1：

"They exercised restraint of their wills and reduced their desires；their hearts were at peace and without any fear；their bodies toiled and yet did not become weary." Their spirit followed in harmony and obedience；everything was satisfactory to their wishes and they could achieve whatever they wished.

Score _____

Version 2：

Previously，people led a calm and honest existence，detached from undue desire and ambition；they lived with an untainted conscience and without fear. They active，but never depleted themselves.

Score _____

Version 3：

Hence, the mind is relaxed and one has few desires.

The heart is at peace and one is not in fear.

The physical appearance is taxed, but is not tired

The qi follows [its appropriate course] and therefrom results compliance：everything follows one's wishes；in every respect one achieves what one longs for.

Score

Comments：

5. Ancient Chinese：夜卧早起，广步于庭，披发缓行，以使志生。

Modern Chinese：此时人们应该晚睡早起，散开头发，解开衣袋，在庭院散步，使形体舒缓，精神愉悦。

Version 1：

After a night of sleep people should get up early (in the morning)；they should walk briskly around the yard；they should loosen their hair and slow down their movements (body)；by these means they can (fulfill) their wish to live healthfully.

Score

Version 2:

During this season it is advisable to retire early. Arise early also and go walking in order to absorb the fresh, invigorating energy.

Score

Version 3:

Go to rest late at night and rise early.

Move through the courtyard with long strides.

Dishevel the hair and relax the physical appearance, thereby cause the mind [to orient itself on] life.

Score

Comments:

6. Ancient Chinese: 是故圣人不治已病治未病, 不治已乱治未乱, 此之谓也。

Modern Chinese: 所以圣人不是等到疾病已经发生再去治疗, 而是在疾病发生之前就进行预防, 不是等到乱子已经发生再去治理, 而是在它发生之前就采取防治措施, 其道理就在这里。

Version 1:

Hence the sages did not treat those who were already ill; they instructed those who were not yet ill. They did not want to rule those who were already rebellious; they guided those who were not yet rebellious.

Score ....

Version 2:

In the old days the sages treated disease by preventing illness before it began, just as a good government or emperor was able to take the necessary steps to avert war.

Score ....

Version 3:

Hence, [when it is said] the sages did not treat those already ill, but treated those not yet ill. They did not put in order what was already in disorder, but put in order what was not yet in disorder.

Score ....

Comments: ....

....

....

....

....

7. Ancient Chinese：夫四时阴阳者，万物之根本也。

Modern Chinese：四时阴阳的变化，是万物生命的根本。

Version 1：

Thus the interaction of the four seasons and the interaction of Yin and Yang [the two principles in nature] is the foundation of everything in creation.

Score ....

Version 2：

The transformation of yin and yang in the four seasons is the basis of the growth and the destruction of life.

Score ....

Version 3：

Now, the yin and yang [qi] of the four seasons, they constitute root and basis of the myriad beings.

Score ....

Comments： ....

....

....

....

....

....

8. Ancient Chinese：所以圣人春夏养阳，秋冬养阴，以从其根，故与万物沉浮于生长之门。

Modern Chinese：所以圣人在春夏季节保养阳气，在秋冬季节保养阴气，以顺从生命发展的规律，因此能与万物一样随着生命的规律而运动。

Version 1：

Hence the sages conceived and developed their Yang in Spring and Summer, and conceived and developed their Yin in Fall and Winter in order to follow the rule of rules；and thus ［the sages］, together with everything in creation, maintained themselves at the gate of life and development.

Score _____

Version 2：

The sages were able to cultivate the yang energy in spring and summer and conserve the yin energy in autumn and winter. By following the universal order, growth can occur naturally.

Score _____

Version 3：

Hence, the sages in spring and summer nourish the yang and in autumn and winter nourish the yin, and this way they follow their roots.

Hence, they are in the depth or at the surface with the myriad beings at the gate to life and growth.

Score _____

Comments： _____

_____

_____

_____

_____

_____

9. Ancient Chinese：逆春气，则少阳不生，肝气内变。

Modern Chinese：悖逆了春生之气，身体内的少阳之气就不能焕发生机，以致肝气内郁发生病变。

Version 1：

Those who do not conform with the breath of Spring will not bring to life the region of the lesser Yang. The atmosphere of their liver will change their constitution.

Score _____

Version 2：

If one does not follow the play of the elemental energies according to the seasons, the liver energy will stagnate, resulting in illness in spring.

Score

Version 3：

If one acts contrary to the qi of spring, then the minor yang does not promote generation.

The liver qi changes internally.

Score

Comments：

10. Ancient Chinese：肾热病者，颐先赤。病虽未发，见赤色者刺之，名曰治未病。

Modern Chinese：肾脏发生热病，颐部先见赤色。病虽未有发作，但面部已有赤色出现，就应予以针刺治疗，这叫做治未病。

Version 1：

The symptoms of the sickness of the heat, located in the lungs, are that the right side of the jaw first turns red. The symptoms of the sickness of the heat, located in the kidneys, are that the chin first turns red. Thus, although the disease has not yet developed, one can observe it by the redness of the complexion and one can apply acupuncture. This means: to treat the disease when it has not yet developed.

Score _____

Version 2:

In febrile disease of the lungs, one will see redness of the right cheek. In febrile disease of the kidneys, one will see redness just below the cheeks. In these instances, the color will appear before the disease manifests. Acupuncture can be administered to the patient immediately; this is called treating disease before it occurs.

Score _____

Version 3:

In the case of heat disease in the kidneys, the chin becomes red first. Even though the disease has not broken out yet, as soon as one perceives a red color, one pierces it. This is called "to treat what is not yet".

Score _____

Comments: _____

_____

_____

_____

附录 B 语篇功能对比分析引用原文及译例

原文：夫四时阴阳者，万物之根本也。所以圣人春夏养阳，秋冬养阴，以从其根，故与万物沉浮于生长之门。逆其根，则伐其本，坏其真矣。故阴阳四时者，万物之终始也，死生之本也，逆之则灾害生，从之则苛疾不起，是谓得道。

威译：

Thus the interaction of the four seasons and the interaction of Yin and Yang〔the two principles in nature〕is the foundation of everything in creation. Hence the sages conceived and developed their Yang in Spring and Summer, and conceived and developed their Yin in Fall and Winter in order to follow the rule of rules; and thus〔the sages〕, together with everything in creation, maintained themselves at the gate of life and development.

Those who rebel against the basic rules of the universe sever their own roots and ruin their true selves. Yin and Yang, the two principles in nature, and the four seasons are the beginning and the end of everything and they are also the cause of life and death. Those who disobey the laws of the universe will give rise to calamities and visitations, while those who follow the laws of the universe remain free from dangerous illness, for they are the ones who have obtained Tao, the Right Way.

倪译:

The transformation of yin and yang in the four seasons is the basis of the growth and the destruction of life. The sages were able to cultivate the yang energy in spring and summer and conserve the yin energy in autumn and winter. By following the universal order, growth can occur naturally. If this natural order is disregarded, the root of one's life will be damaged and one's true energy will wane. Therefore, the change of yin and yang through the four seasons is the root of life, growth, reproduction, aging, and destruction. By respecting this natural law, it is possible to be free from illness.

文译:

now, the yin and yang [qi] of the four seasons, they constitute root and basis of the myriad beings.

Hence, the sages in spring and summer nourish the yang and in autumn and winter nourish the yin, and this way they follow their roots.

Hence, they are in the depth or at the surface with the myriad beings at the gate to life and growth.

Tooppose one's root, is to attack one's basis and to spoil one's true [qi].

Hence, yin [qi], yang [qi], and the four seasons, they constitute end and begin of the myriad beings, they are thebasis of death and life.

Opposing themresults in catastrophe and harms life. If one follows them, severe diseases will not emerge. This is called "to achieve the Way".

参考文献

[1] 徐永红.中医药对外传播的历史启示[J].中医药管理杂志,
     2016, 24(1): 4-6.

[2] 徐永红.中医药文化对外传播研究[D].上海: 华东师范大
     学, 2014.

[3] 王娟.《黄帝内经》翻译研究现状述评[J].山西青年,
     2017(21): 13-14.

[4] 蔡新乐.思想翻译与海德格尔[J].外国语文研究, 2016,
     2(03): 69-78.

[5] Jean-Baptiste Du Halde. Description of the Empire of China
     and Chinese Tartary[M]. E Cave, 1738.

[6] H. A. Giles. The "Hsi yuan lu" or "instruction to corners"
     [M]. London: John Bale, Sons & Danielsson Ltd, 1924.

[7] J. Dudgeon. A Modern Chinese Anatomist [J]. The
     China Missionary Journal, 1893(4): 245.

[8] William R. Berk. Chinese healing arts: internal Kung-Fu
     [M]. Unique Publication, 1986.

[9] B. E. Read et C. Pak: A compendium of Minerals and Stones
     Used in Chinese Medicine from Pen-ts'ao Kang-mu[J]. PNHB,
     1982, 3(2): 9.

[10] Read B. E. FAMIN FOODS LISTED IN THE CHIU HUANG PEN TS'AO giving their identity nutritional Values and Notes on their Preparation[M]. TaiPei：Southern Materials Center, Inc，1977.

[11] Veith，Ilza. The Yellow Emperor's Classic of Internal Medicine [J]. Bulletin of the Medical Library Association，1968，12 (4)：425-425.

[12] Henry C. Lu. The Yellow Emperor's Book of acupuncture [M]. Academy of Oriental Heritage，1973.

[13] Henry C. Lu. The Yellow Emperor's Classic of Internal Medicine and the Difficult Classic：complete translation of Nei Jing and Nan Jing[M]. Academy of Oriental Heritage，1978.

[14] LuoXiwen. Treatise on febrile diseases caused by cold [M]. New World Press，1986.

[15] LuoXiwen. Synopsis of Prescription of the Golden Chamber (Jinkui Yaolue Fanglun)[M]. New world press，1985.

[16] B. E. McKnight. The Washing Away of Wrongs：Forensic Medicine in Thirteenth-Century China[M]. Center for Chinese Studies, University of Michigan，1981.

[17] Paul U. Unschuld. Traditional Chinese Medicine：Some Historical and Istemologieal Reflections [J]. Social Science & Medicine，1987(12)：1023-1029.

[18] 邱玏. 中医古籍英译历史的初步研究[D]. 中国中医科学院，2011.

[19] 李照国.《黄帝内经》的修辞特点及其英译研究[J]. 中国翻译，2011(5)：69-73.

[20] 姚欣，王婷婷.《黄帝内经·素问》排比句英译法探析

[J]. 时珍国医国药, 2013, 24(2).

[21] 吉哲.《黄帝内经·素问》四字词组英译研究——基于语料库的研究[D]. 南京中医药大学, 2007.

[22] 傅灵婴.《黄帝内经·素问》语义模糊数词英译研究[D]. 南京中医药大学, 2009.

[23] 张璇.《黄帝内经》文化负载词英译研究[D]. 南京中医药大学, 2009.

[24] 张恒源.《黄帝内经》两译本中医名词术语英译国际标准对比研究[D].

[25] 龚长华.《黄帝内经》英译句子逻辑关系研究[J]. 广西中医药大学学报, 2015, 18(3): 113-116.

[26] 张洁. 概念隐喻视角下的中医典籍篇章翻译[D]. 南京中医药大学, 2015.

[27] 马莉. 从文体学角度看中医典籍英译的原则——兼评《黄帝内经·灵枢》两个英译本[D]. 华中科技大学, 2012.

[28] 江楠. 中医典籍英译策略的探讨和研究[D]. 广州中医药大学, 2015.

[29] 李虹, 董敏华. 从意合到形合——中医典籍英译策略小议[J]. 浙江中医药大学学报, 2014(10): 1228-1230.

[30] 邱功. 中医古籍英译历史的初步研究[D]. 中国中医科学院, 2011.

[31] 付明明. 中医英译史梳理与存在问题研究[D]. 黑龙江中医药大学, 2016.

[32] 陈战. 浅议中医典籍英译中的文化缺省与补偿策略[C]. 整理、传承、发展——中医医史文献研究的新思路——中华中医药学会第十五次中医医史文献学术年会.

[33] 何阳. 中医典籍英译中的中医文化趋同现象探讨[J]. 中国

中医基础医学杂志，2010(7)：619-619.

[34] 张清华. 从功能对等角度分析李照国《黄帝内经·灵枢》的英译[D]. 广西师范大学，2011.

[35] 梁琥. 基于图式-映射理论下的《黄帝内经》三种修辞格在三个译本中的对比翻译研究[D]. 南京中医药大学，2012.

[36] 陈冲，张淼. 框架理论视阈下的《黄帝内经》比喻辞格英译[J]. 中医药导报，2015(13)：111-113.

[37] 王兆男，姚欣. 对比语言学视域下中医典籍英译探析[J]. 中国中西医结合杂志，2016，36(04)：0488-491.

[38] 孙凤兰. 概念隐喻视角下的《黄帝内经》英译[J]. 上海翻译，2016(2)：84-88.

[39] 李莫南. 概念整合理论映照下的《黄帝内经》隐喻翻译[D]. 南京中医药大学，2013.

[40] 曹柏川. 格式塔理论视阈下中医典籍英译研究[D]. 南京中医药大学，2017.

[41] 刘静. 关联理论视域下的文化负载词翻译[J]. 兰州交通大学学报，2007，26(2)：120-123.

[42] 王星科. 互文性理论视角下《黄帝内经》中互文符号的英译研究[D]. 2015.

[43] 刘春梅. 自建中医典籍双语平行语料库促进中医英译[J]. 中国中医基础医学杂志，2016(11)：118-120.

[44] 陈媛，李盛. 阐释学在中医典籍英译的应用研究[J]. 宁夏社会科学，2015(3)：190-192.

[45] 石少楠，王银泉. 释意理论视角下中医文化国际传播翻译原则探析[J]. 中国中医基础医学杂志，2018，262(06)：126-127，131.

[46] 贺娜娜，徐江雁，林法财，等. "接受理论"视阈下中医典

籍英译探析[J].中华中医药杂志,2017(05):220-223.

[47] 文佳.翻译美学视域下《黄帝内经》回环辞格英译研究[D].2018.

[48] 杜福荣.符号学意义理论视域下的《黄帝内经》比喻辞格英译研究[D].南京中医药大学,2012.

[49] 吴纯瑜,王银泉.生态翻译学视阈下《黄帝内经》文化负载词英译研究[J].中华中医药学刊,2015(1):61-64.

[50] 程玲.基于中医药典籍英译的中医药跨文化传播研究[D].

[51] 沈晓华.《黄帝内经》英译中美学价值的损失与补偿[J].中国中西医结合杂志,2012,32(5):704-708.

[52] 刘明,范琳琳,汪顺.中医典籍英译质量评价要素的探讨[J].世界中医药,2017(05):233-236.

[53] 钟海桥.译介学视域下《黄帝内经》文化负载词英译的文化意象研究[D].江西中医药大学,2022.

[54] 卢凤姣.《黄帝内经·素问》威斯译本的译者主体性分析研究[D].北京中医药大学,2021.

[55] 梁小晏.关联翻译理论视阈下的《黄帝内经·素问》转喻翻译研究——兼评李照国译本和倪毛信译本[D].厦门大学,2018.

[56] 袁卓喜.《黄帝内经》倪毛信译本的修辞解读与译策解析[J].广西大学学报(哲学社会科学版),2022,44(06):68-74.

[57] 贺晨.文树德《素问》翻译策略研究[J].中国中医基础医学杂志,2020,26(09):1378-1380.

[58] 王尔亮.汉学家文树德及其《黄帝内经·灵枢》英译探析[J].中华中医药杂志,2023,38(08):3863-3866.

[59] 谢天振.译介学[M].上海:上海外语教育出版社,1999.

［60］ 吕俊. 翻译学——传播学的一个特殊领域［J］. 外国语，1997（02）：40-45.

［61］ 吕俊，侯向群. 翻译学：一个建构主义的视角［M］. 上海外语教育出版社，2006.

［62］ 廖七一. 翻译与信息理论［J］. 四川外语学院学报，1997（3）：83-87.

［63］ 张俊. 翻译学的传播理论探究［J］. 解放军外国语学院学报，2001，24（1）：77-79.

［64］ 张燕琴. 翻译传播过程模式的构建——翻译传播过程初探之一［J］. 中山大学研究生学刊：社会科学版，2003，24（04）：127-136.

［65］ 孟伟根. 关于建立翻译传播学理论的构想［J］. 绍兴文理学院学报，2004（02）：86-91.

［66］ 张从益. 翻译文化的本体功能思辨［J］. 外语与外语教学，2007，05（，10）：47-50.

［67］ 罗选民. 文化传播与翻译研究［J］. 中国外语，2008，04（05）：91-94.

［68］ 陈家旭.《黄帝内经》"治未病"理论研究［D］. 中国中医科学院，2008.

［69］ 夏叶平. 悟《黄帝内经》之"治未病"［J］. 中国民族民间医药，2014，23（9）：20-21.

［70］ 麦奎尔，温德尔. 大众传播模式论［M］. 祝建华，武伟，译. 上海：上海译文出版社，1997：24.

［71］ 胡正荣，段鹏，张磊. 传播学总论［M］. 北京：清华大学出版社，2013：132.

［72］ 哈罗德·拉斯维尔. 传播在社会中的结构与功能［M］. 北京：中国传媒大学出版社，2015.

[73] 谢天振.《译介学》[M]. 上海：上海外语教育出版社, 1999.

[74] 查明建. 译介学：渊源、性质、内容与方法——兼评比较文学论著、教材中有关"译介学"的论述[J]. 中国比较文学, 2005(01)：40-62.

[75] Halliday. System and Function in Language [M]. Oxford：Oxford University Press, 1976.

[76] 刘润清, 封宗信. 语言学理论与流派[M]. 南京：南京师范大学出版社, 2002.

[77] Bulcholtz M, Hall K H. Locating identity in language [C]//Llamas C, Watt D (eds.). Language and Identities. Edinburgh：Edinburgh University Press Ltd. 2010.

[78] Simons S. Gender in Translation：culture Identity and the Politics of Transmission [M]. London and New York：Routledge, 1 996.

[79] Joseph J E. Language and Identity：National, Ethnic, Religious [M]. Hampshire and New York：Palgrave Macmillan, 2004.

[80] Gentzler E. Translation and Identity in the Americas：New Directions in Translation Theory[M]. London and New York：Routledge, 2008.

[81] 王东风. 翻译与身份——兼评董乐山主译《第三帝国的兴亡》[J]. 中国翻译, 2014(5)：72-81.

[82] 刘云虹. 译者伦理：身份、选择、责任——皮姆《论译者的伦理》解读[J]. 中国翻译, 2014(5)：18-23.

[83] 吴自选. 且编, 且译, 且写——论形象片英译者身份的动态重叠[J]. 上海翻译, 2013(1)：39-42.

[84] 周领顺. 美国中餐馆菜谱英译评价原则——从译者身份视

角谈起[J].中国翻译,2013(5):104-107.

[85] 王尔亮,陈晓. 美国学者 Ilza Veith 对中医典籍的研究及其贡献[J]. 中国中西医结合杂志,2017(3):14-17.

[86] VeithIlza. Huang Ti Nei Ching Su Wen:The Yellow Emperor's Classic of Internal Medicine[M]. Baltimore:The Williams & Wilkins Company,1949.

[87] Maoshing Ni. The Yellow Emperor's Classic of medicine [M]. Boston,Massachusetts:Shambhala,1995.

[88] 郑金生. 文树德教授的中国医学研究之路[J]. 中国科技史杂志,2013,(1):1-17.

[89] Paul Unschuld,Hermann Tessenow,Zheng Jinsheng. Huang Di Nei Jing Su Wen:An Annotated Translation of Huang Di's Inner Classic-Basic Questions[M]. Los Angeles:University of California Press,2011.

[90] 武景全.翻译心理研究:目的、课题、方法[J].上海科技翻译,1999(2):7-10.

[91] 倪毛信. 严冬冬译. 身体自愈的秘密[M]. 长春:吉林文史出版社,2008:2.

[92] 蒋辰雪. 文树德《黄帝内经》英译本的"深度翻译"探究[J].中国翻译,2019(5):112-120.

[93] 廖志勤. 文化语境视阈下的译者主体性[D]. 重庆大学,2004.

[94] 张伯礼:百年中医史[M]. 上海:上海科学技术出版社,2016:350-351.

[95] 高芸. 倪毛信《黄帝内经》译本叙事建构策略研究[J]. 中医药导报,2020,26(09):217-220.

[96] 兰凤利.论译者主体性对《黄帝内经·素问》英译的影响

[J]. 中华医史杂志, 2005, 35(2): 74-78.

[97] 董桥声. 读文树德《什么是医学: 东西方的治疗之道》[J]. 中国科技史杂志, 2011(01): 125-129.

[98] 李幼蒸. 理论符号学导论[M]. 北京: 社会科学文献出版社, 1999: 574-575

[99] 王尔亮, 陈晓. 20世纪中期以来《黄帝内经素问》英译本研究史述[J]. 燕山大学学报(哲学社会科学版), 2017(06): 38-43.

[100] 兰凤利. 论中西医学语言文化差异与中医英译[J]. 中国中西医结合杂志, 2007(04): 368-370.

[101] 胡壮麟. 语篇的衔接与连贯[M]. 上海: 上海外语教育出版社, 1994: 20-25.

[102] 王东风. 小说翻译的语义连贯重构[J]. 中国翻译, 2005, 26(3): 39-43.

[103] 肖娴.《世说新语》及其英译本词汇衔接比较与语篇翻译[J]. 江西师范大学学报(哲学社会科学版), 2010, 43(6): 127-131.

[104] 曲琳琳, 张斌. 系统功能语言学视阈下《金匮要略》衔接机制对比研究[J]. 中国中医基础医学杂志, 2017, 23(10): 1471-1474.

[105] 李振. 语篇逻辑思维下中医典籍英译中的衔接明示与映现[J]. 中国中医基础医学杂志, 2018, 24(1): 122-124.

[106] 刘庆元. 语篇翻译中的衔接与连贯[J]. 山东外语教学, 2004, 25(3): 95-96.

[107] 王洪图, 贺娟. 黄帝内经素问白话解[M]. 北京: 人民卫生出版社, 2017.

[108] Genette, G. Peritexts: Thresholds of Interpretation [M].

Cambridge：Cambridge University Press，1997.

［109］肖丽. 副文本之于翻译研究的意义［J］.上海翻译，2011，（4）：17-21.

［110］高芸. 倪毛信《黄帝内经》译本叙事建构策略研究［J］. 中医药导报，2020，26（09）：217-220.

［111］李梦迪，史书. 格尔茨的"深描"理论：文化学研究方法及其意义［J］. 知与行，2019，（02）：147-151.

［112］H. R. 姚斯，R. C. 霍拉勃.接受美学与接受理论［M］.沈阳：辽宁人民出版社，1987：65.

［113］殷丽.中医药典籍国内英译本海外接受状况调查及启示——以大中华文库《黄帝内经》英译本为例［J］.外国语，2017，40（5）：33-43.

［114］Harper, D. *Review on H uang Di Nei Jng Su Wen*：Nature, Knowledge, Imagery in an Ancient Chinese Medical Text ［J］. Bulletin of the History of Medicine, 2005, 79（4）：800-801.

［115］沈晓华.《黄帝内经》英译中美学价值的损失与补偿［J］.中国中西医结合杂志，2012，32（05）：704-708.

［116］陈书华，周亚东，王键. 生命之美的构建——《黄帝内经》美学思想刍议［J］. 学术界，2014，（11）：133-140.

［117］徐瑛.《内经》理论体系的科学美学思想［D］.北京中医药大学，2008.

［118］文娟，张霖，岑思园，等. 外国读者对《黄帝内经》4 个英译本的满意度分析［J］. 中国中西医结合杂志，2015，35（010）：1267-1269.

［119］王宏印. 中国文化典籍英译［M］.北京：外语教学与研究出版社，2009.

［120］蒋基昌，文娟.《黄帝内经》四个英译本的对比研究——基于广西中医药大学短期留学生调查问卷的统计学分析［J］. 学术论坛，2013，36(001)：197-200.

［121］黄远鹏.再论奈达翻译理论中的"功能对等"［J］.西安外国语大学学报，2010，18(04)：101-104.

［122］耿强."熊猫丛书"英译本的跨文化传播［J］. 解放军外国语学院学报，2013(02)：83-94.

［123］李丹. 翻译适应选择论中译者角色的哲学思考［J］. 学理论，2010，(06)：17-18.

［124］潘文国. 当代西方的翻译学研究——兼谈"翻译学"的学科性问题［J］. 中国翻译，2002(01)：31-34.

［125］胡靓. 翻译适应选择论的批判性研究［D］. 四川外语学院，2010.

［126］祝嫣. 浅析勒菲弗尔的"翻译操纵论"［J］. 剑南文学，2013，(02)：255-255.

［127］邱鸿钟. 医学与语言［M］. 广州：广东高等教育出版社，2010.

后 记

本书是在我的博士论文的基础上修改而成。自2021年参加完博士论文答辩以来，我已有将之出版的想法，但鉴于答辩专家给的意见还未修改，因此一直处于搁置状态。经过两年的沉淀与思考，我在博士论文的基础上又做了进一步的完善，我想我的学术成果应该可以面世了。

一路走来，诚惶诚恐。我本是语言学科班出身，鉴于自己工作单位的原因接触了中医文化，从此产生了浓厚的学习兴趣。在准备了两年时间后，2018年我考取了湖南中医药大学何清湖教授的中医文化学博士，读博期间的我像是一名中医学的小学生，被博大精深的传统中医文化深深震撼。传统的中医典籍是用古文书写而成，带有鲜明的文言文特征，我在学习过程中非常吃力，常常在看完中英文译文后才略知一二。虽然比较艰辛，但兴趣使然，也乐在其中。

读博期间，在师姐的带领下接触到人类学等学科，使我受益良多。人类学在西方是一门古老的学科，但在中国的发展历史并不长。因为每个学科范式不同，我在刚开始接触时也有些茫然。在深入了解后，我发现人类学擅长使用田野民族志的方法，对研究对象进行充分的描写与阐释，从而提出自己的理论。受人类学启发，文本也可以做民族志研究，因此我对文本做了深度描写研究，在语言学理论的帮助下我得到了一系列的研究结果，宏观的人类学研究和微观的语言学理论成就了我的研究成果。因此，跨学科视野在学术研究中十分必要，打破学科藩篱，使研究视野更加开阔。

自 20 世纪 80 年代以来，中医翻译研究日益呈现增长趋势，以中国知网为例，输入"中医翻译"，共计检索出 1131 篇文章，进入 2000 年以后，每年都有 10~20 篇的数量在增长，2020 年发文量达 94 篇。尽管每年研究数量都在不断增加，且研究深度也在不断加强，但总体来讲，中医翻译研究目前还处于语言层面的研究，主要集中在中医术语翻译、中医文化负载词翻译、中医翻译策略及方法等。翻译学研究近年来已迎来"文化学"和"社会学"转向，而中医翻译的社会价值、文化价值和历史价值并未得到有效挖掘，中医翻译学的学科价值没有得到中医翻译界的普遍关注。

一个学科要长久地发展下去，必须要有其相对完善的话语体系。中医翻译学科是一个十分复杂的学科，既有自然学科的特征又带有鲜明的人文学科特色，因此我们需要汲取各个学科的理论营养来发展其理论体系，来挖掘其语言价值、文化价值、社会价值、历史价值和创新价值等。

语言价值自不必多言，自学科诞生以来，语言价值的转换一直受学术界的关注，中医语言带有鲜明的古文语言特征，如四字格的翻译、中医术语的翻译等难以在目标语言当中找到对应的词语。中医术语的准确翻译对于中医在全球范围内的传播和推广起着关键作用。尽管在中医术语翻译中仍然存在一些挑战，但通过采用合适的翻译方法和技巧，并关注标准化、跨文化适应性以及社会认可度等方面的研究，可以进一步提高中医术语的翻译质量和准确性，促进中医学的国际交流。因此，术语翻译一直以来都是这个学科攻克的难点，也是学科研究的基础，未来也应该从不同的视角增加语言研究的深度。

中医翻译中医是中国传统医学的重要组成部分，是中华优秀传统文化。中医翻译可以将中医理论、经典著作、方剂和养生方法等传播到全球，促进中华文化的传承和传播。中医强调整体观念、平衡与和谐，注重防治结合、自然疗法和个体化治疗。通过翻译中医理论和实践，可以让人们了解并接受中医的独特理念，从而改善健康状况。中医翻译有助于不同文化之间的沟通与交流，使世界各国的人们能够理解中医的理论和实践，增进对中国文化的认识和理解，促进不同文化之间的和谐共存。中医是一门独特的医学体系，与西方医学有很大差异。通过中医翻译，可以向其他国家和地区介绍中医的特点和疗效，丰富世界医学的多样性，使不同医学体系相互借鉴、融合发展。中医翻译有助于保护中医的遗产和传统知识等。综上所述，中医翻译的文化价值在于传承中华文化、弘扬中医理念、促进文化交流和理解、丰富世界医学以及保护中医遗产等方面。通过中医翻译，可以让更多人了解、接受和应用中医文化，为人类健康和文化多样性做出重要贡献。

中医翻译研究蕴含丰富的社会价值和历史价值，自17世纪中医药传播到了西方，中医翻译应运而生。时至今日，中医翻译已经有近三百年的历史，在这三百年中，中医自身随着社会和文化的进步不断演变，因此其翻译也会随着社会和文化的演变而演变，社会因素影响中医翻译，中医翻译反映社会变化。例如，在丝绸之路的开通和游牧民族的南迁中，中医药文化得以传播到中亚和阿拉伯地区，对医药学的发展产生了重大影响，促进了医学的全球分享。中医翻译人员的需求不仅涉及医学领域，同时也涉及旅游、文化交流等领域，为社会创造了就业机会，促进经济发展。中医翻译的社会价值在于促进健康和福祉、提供多元化的医疗选择、促进医学知识的全球分享、保护传统文化和知识体系，以及促进就业和经济发展。通过中医翻译的推广和应用，能够为社会带来多方面的积极影响。中医翻译在历史的互动交流中也起到了重要的桥梁作用。在中外历史交往中，翻译对于文化交流和学术传播总是起着极为关键的作用，中医翻译对外传播史就是中华文明对外传播史，是中华文明参与全球化、文明化的重要见证官。

中医翻译有较多创新价值，首先可以丰富翻译理论，中医翻译的过程中，译者需要对自身的语言、文化以及目标语言、文化都有深入理解和掌握，同时还需要充分理解中医的理论知识。对于这样涉及多重复杂因素的翻译，如何准确传达原意，就需要不断尝试和探索，从而丰富和发展现存的翻译理论。其次可以创新翻译策略，由于中医存在很多特有的概念，凡此类概念在目标语言中并无对应的词汇，如"气""阴阳"等，无论何种翻译形式，都无法准确传达其自身丰富的哲学理念，这就需要译者创新翻译策略，将这些概念以最接近其原意的方式表达出来，以便接受者理解。再次可拓展翻译领域在传统的翻译领域外的其他领域，如医学、药学、哲学、历史等等。这需要译者有广泛的知识背景，为未来的翻译工作开辟广阔的领域。中医翻译可创新文化交流方式，通过中医翻译，可以将东方的思维方式、哲学观念以及对人体健康的看法传播给西方世界。这种新的文化交流方式，有助于增强各国之间的理解和尊重，促进全球化进程。中医翻译可提升国际地位，通过中医的全球传播，展示中华民族的辉煌文化，可以提升中国在国际社会的地位和影响力，为构建人类命运共同体"健康篇"贡献中国智慧。

　　本书融合了传播学、语言学、人类学、文化学等多学科理论，从海外中医翻译这一视角切入，在一定程度上探索了中医翻译的语言价值、传播价值、社会价值和文化价值，多层次研究海外中医翻译的历史发展和其自身独特的价值。今后可进一步加深以上各个方面的研究，他者镜像可进一步观照自身。本书对解构海外中医翻译的话语体系有一定的裨益，可进一步推动中医优秀传统文化走向世界。

图书在版编目（CIP）数据

他者镜像下的《黄帝内经》译介研究／宋梅著. ——长沙：中南大学出版社，2023.12
ISBN 978-7-5487-5643-9

Ⅰ. ①他⋯ Ⅱ. ①宋⋯ Ⅲ. ①《内经》－研究 Ⅳ.
①R221

中国国家版本馆 CIP 数据核字（2023）第 230913 号

他者镜像下的《黄帝内经》译介研究
TAZHE JINGXIANG XIA DE《HUANGDI NEIJING》YIJIE YANJIU

宋梅　著

□出 版 人	林绵优	
□责任编辑	刘　莉	
□责任印制	唐　曦	
□出版发行	中南大学出版社	
	社址：长沙市麓山南路	邮编：410083
	发行科电话：0731-88876770	传真：0731-88710482
□印　　装	长沙创峰印务有限公司	

□开　　本	850 mm×1168 mm 1/32	□印张 7.25	□字数 174 千字
□版　　次	2023 年 12 月第 1 版	□印次 2023 年 12 月第 1 次印刷	
□书　　号	ISBN 978-7-5487-5643-9		
□定　　价	48.00 元		